■ 本书为浙江省哲学社会科学一般规划项目"集团控制上市公司治理机制的效应研究"（项目编号：22HQZZ49YB）最终成果

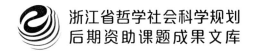浙江省哲学社会科学规划
后期资助课题成果文库

集团控制上市公司
治理机制的效应研究

孙万欣　著

ZHEJIANG UNIVERSITY PRESS
浙江大学出版社
·杭州·

图书在版编目(CIP)数据

集团控制上市公司治理机制的效应研究/孙万欣著
.—杭州:浙江大学出版社,2023.7
ISBN 978-7-308-24142-7

Ⅰ.①集… Ⅱ.①孙… Ⅲ.①上市公司－企业管理－
研究－中国 Ⅳ.①F279.246

中国国家版本馆 CIP 数据核字(2023)第 164895 号

集团控制上市公司治理机制的效应研究

JITUAN KONGZHI SHANGSHI GONGSI ZHILI JIZHI DE XIAOYING YANJIU

孙万欣 著

策划编辑	吴伟伟
责任编辑	丁沛岚
责任校对	陈 翮
封面设计	周 灵
出版发行	浙江大学出版社
	(杭州市天目山路 148 号 邮政编码 310007)
	(网址:http://www.zjupress.com)
排 版	杭州星云光电图文制作有限公司
印 刷	广东虎彩云印刷有限公司绍兴分公司
开 本	710mm×1000mm 1/16
印 张	13.25
字 数	191 千
版 印 次	2023 年 7 月第 1 版 2023 年 7 月第 1 次印刷
书 号	ISBN 978-7-308-24142-7
定 价	68.00 元

前　言

　　在我国新兴加转轨的经济制度背景下，面对资本、人才、产品、技术等市场不完善的境况，企业集团这一有市场的组织和有组织的市场，作为国企改革的手段和工具，为实现填补制度空缺、经济赶超、产业结构调整等功能，在政府导向和市场机制双重作用下大量涌现。但是，经过40多年的改革开放，我国的经济、社会、制度环境已经发生了巨大变化，起初借鉴日本和韩国企业集团的功能定位也在发生变化，在韩国企业集团中出现的代理问题严重、填补制度空缺的功能日渐式微、成为既得利益阶层而缺乏改革动力等现象，也在我国企业集团中逐渐显现。因此，企业集团是否依然是有效的组织结构安排？对附属企业而言，企业集团是天堂还是寄生虫？如何有效发挥公司治理机制作用，降低集团控制上市公司两类代理成本的负面效应，促进企业绩效的提升？这些已成为理论和实践探索亟须解决的问题。

　　本书将企业集团控制、公司治理机制、经理代理成本、股东代理成本、公司绩效置于统一的分析框架之中，采用沪深A股上市公司的面板数据固定效应模型，对企业集团控制上市公司治理机制效应进行了实证研究。

　　在学术价值方面，第一，有助于从微观层面理解企业集团控制效应。企业集团在我国国民经济中占有较大比重，在政治、经济、社会等方面扮演着重要角色，但在资本市场上，企业集团控制的正面效应和负面效应却存在较大争议，从公司治理的角度来看，探讨集团控制上市公司与独立上市公司在经理代理成本、股东代理成本、公司绩效方面的差异，有助于从微观层面对企业集团控制效应进行清晰的辨识。第二，通过不同产权性质集团控制上市公司在经理代理成本、股东代理成本和公司绩效的差异检验,有助于对产权经济学的相关理论提供经验证据,深化对产权属性在企业集团控制上市公司治理中作用的认识,为我国国企改革,尤其是国企产权改革提供借鉴。第三,通过公司治理机制—两类代理成本—公司绩效的三维分析框架,有助于更好地理解双重代理成本对公司绩效影响的轻重差异,从而明确治理机制的侧重,为上市公司治理机制的有效发挥提供依据,对我国公司治理机制改革具有借鉴意义。同时,结合产权异质性和集团控制,通过三维框架下的实证检验,有助于更合理、系统地评价和筛选有效的治理机制。

全书共分八章。第一章,绪论;第二章,文献综述;第三章,理论基础与制度背景分析,是第五章、第六章、第七章展开的理论根基和现实基础;第四章,实证研究方案设计,与第五章、第六章、第七章构成本书实证部分的整体,是对实证研究方案的总体逻辑梳理,明确了样本的产生过程以及数据来源,通过构建概念模型,为计量模型和具体实证模型奠定基础;第五章,集团控制上市公司治理机制与经理代理成本;第六章,集团控制上市公司治理机制与股东代理成本;第七章,集团控制上市公司治理机制与公司绩效;第八章,研究结论、启示与展望,对本书的研究结论进行了归纳与总结,指出了研究存在的不足,明确了后续研究的方向。

本书的初稿是笔者的博士学位论文。拙稿从成文到成书,特别感谢我的博士生导师华侨大学的陈金龙教授,从选题到写作,他都给予了细心指导。还有很多老师、领导、同仁和朋友给予我直接或间接的帮助,对此,我铭记于心,深表感谢!由于研究能力的局限,本书难免存在失当之处,敬请广大专家与学者批评指正。

孙万欣

2023 年 5 月于杭州

目　录

第一章 绪 论

第一节 研究背景与研究意义

一、研究背景

在新兴经济体中，企业集团这一组织结构广泛存在。在市场失灵观看来，企业集团组织结构是一种应对要素缺乏、风险未知和中间产品市场无效的企业间机制(Leff,1978)。企业集团通过稀缺和不完全市场化的资本、人才、信息等要素投入而获取准租金,通过前向或后向垂直整合以减弱风险和不确定性,降低交易成本。Khanna等(2000,2001,2005,2007)的一系列研究进一步发展了新兴市场中企业集团对外部市场存在制度弥补或替代作用的观点:第一,在产品市场中,企业集团成员能够迅速获得集团品牌效应;第二,通过内部资本市场协同效应,可以有效缓解企业集团成员企业的融资约束;第三,企业集团便于内部培养高素质的管理人才,并实现内部劳动力市场的流动,从而缓解外部劳动力市场的无效性。

另外,企业集团作为引领新兴经济体经济增长的组织基础,有助于实现经济赶超功能,与此同时,政府将企业集团看作实现其政治目的的手段和工具。赶超经济体在工业化早期都普遍面临着储蓄不足导致的资本稀缺问题,如 20 世纪 60 年代的韩国、80 年代的中国等。在可获资本资源有限的情况下,将其集中到少数大企业,通过促进少数大企业的发展来带动整体经济增长,成为政府制定经济政策的理性选择。本国企业集团的发展和壮大使得外国企业的市场渗入变得困难,一定程度上保护了民族经济。

在新兴经济体的特定阶段,企业集团促进了或正在促进经济的发展。但是,企业集团组织结构的演变及其作用的发挥是动态的、历史的(Khanna,2000;Lee,2006)。企业最优的组织结构形式内生于其所在的制度背景(威廉姆森,2002)。随着经济水平的提升、制度的演进和日趋完善、整体政治经济环境的改善,企业集团这一组织结构的积极作用和消极作用间的力量对比也在发生交替变化。企业集团可能引发公共政策问题(威廉姆森,2011),主要包括:第一,企业集团有可能参与反竞争性活动,它们常常因互惠交易和掠夺型交叉补贴而被起诉。第二,企业集团合并可能会削弱潜在市场竞争威胁,助长企业集团之间的相互依赖,从而破坏竞争。第三,特大型企业集团也许会引发社会问题和政治问题。

随着制度的进化和市场的日趋成熟,企业集团的制度补缺功能和经济赶超结构设置带来的价值创造有下降趋向,甚至成为经济效率提升的阻碍。企业集团一般采用交叉持股、二元股份结构和金字塔股权结构等形式,其中,家族控股企业集团采用控制性少数股权结构(controlling minority Structure,CMS),会产生严重的代理问题,并通过非效率投资导致价值受损。另外,企业集团作为既得利益者,可能通过扭曲和操纵市场自由化,使政府政策难以出台或生效,阻碍竞争性市场经济的发展(Lee,2006)。

我国企业集团的发展演变历程内生于经济体制改革进程。从计划经济到有计划的商品经济,再到社会主义市场经济,在这一转轨过程中,我国企业集团有效地发挥了填补制度空缺、实现经济赶超等作用。

但是,在 40 多年的改革进程中,我国的经济、社会、制度环境发生了巨大变化,起初借鉴日本和韩国企业集团的功能定位也发生了变化,韩国企业集团中出现的代理问题严重、填补制度空缺的功能日渐式微、成为既得利益阶层而缺乏改革动力等现象,也在我国企业集团逐渐显现。在我国资本市场中,集团控制的负面效应超过了其正面效应(郑国坚等,2012),企业集团控制加剧了控股股东的掏空行为(高雷等,2007)。

因此,企业集团是否依然是有效的组织结构安排? 对附属企业而言,企业集团是天堂还是寄生虫? 如何有效发挥公司治理机制作用,降低企业集团的负面效应,抑制集团控股股东的代理成本,促进企业绩效的提升? 这些已成为理论和实践探索的当务之急。

二、研究意义

本书的研究意义有以下四点。

第一,有助于从微观层面理解企业集团的控制效应。企业集团在我国国民经济中占有较大比重。长期以来,我国一直将发展大企业、大集团作为调整产业结构和提升国际竞争力的重要手段。同时,我国私有经济已经成为国民经济的重要补充,在转型过程中,出现了大量民营企业集团。尽管企业集团在我国政治、经济、社会等方面扮演着重要角色,但在资本市场中,企业集团控制的正面效应和负面效应却存在争议,因此从公司治理的角度,探讨集团控制上市公司与独立上市公司在经理代理成本、股东代理成本、公司绩效方面的差异,有助于从微观层面对企业集团的控制效应进行清晰的辨识。

第二,通过对不同产权性质的集团控制上市公司在经理代理成本、股东代理成本和公司绩效方面的差异检验,识别国有集团控制上市公司与民营集团控制上市公司、中央集团控制上市公司与地方集团控制上市公司的集团控制效应,有助于为产权经济学的相关理论提供经验证据,深化学界对产权属性在企业集团控制上市公司治理中作用的认识,为我国国企改革尤其是国企产权改革提供借鉴。

第三,构建"公司治理机制—两类代理成本—公司绩效"的三维分析框架,有助于更好地理解双重代理成本对公司绩效的差异化影响,从而明确治理机制的侧重,为上市公司治理机制的有效发挥提供依据,对我国公司治理机制改革具有借鉴意义。同时,考虑产权异质性和集团控制,在三维分析框架下的实证检验,有助于更系统地评价和筛选有效的治理机制。

第四,我国是世界上最大的新兴经济体,针对企业集团控制下上市公司治理机制效应的大样本实证研究,有助于加深学界对我国企业集团控制效应及集团控制上市公司治理机制效应的认识,将进一步丰富新兴国家的企业集团治理研究成果。

第二节　研究框架

本书的研究框架如图 1.1 所示。

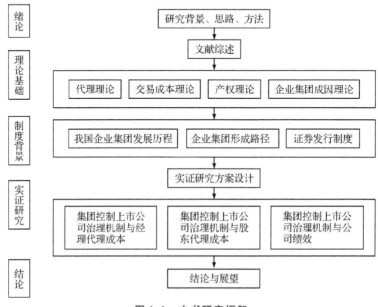

图 1.1　本书研究框架

第一章,绪论。本章主要介绍了本书的研究背景和研究意义,概括了本书的主要研究内容,对研究的思路、方法与技术路线进行了梳理,提出了本书的主要创新点。

第二章,文献综述。本章主要通过文献回顾的方式对企业集团、企业集团控制上市公司、公司治理机制、公司治理机制效应等关键概念进行了梳理与界定,对企业集团控制及其控制效应、公司内部治理机制及其效应、公司外部治理机制及其效应等主要相关文献进行了回顾与评述。

第三章,理论基础与制度背景分析。本章是第五章、第六章、第七章的理论根基和现实基础。在理论基础部分,重点分析了代理理论、交易成本理论、产权理论和企业集团成因理论。在制度背景分析部分,从制度演进的视角,分析了我国企业集团的发展历程、企业集团及集团成员企业的形成路径以及证券发行制度。我国大量上市公司由企业集团控制和政府控制的特征是制度演进的结果,内生于我国企业集团形成发展路径和证券市场发行制度。

第四章,实证研究方案设计。本章和第五章、第六章、第七章构成了本书的实证部分的整体,是对实证研究方案的总体逻辑梳理。本章主要明确了样本的产生过程及数据来源,通过构建概念模型,为计量模型和具体实证模型奠定了基础,对后面三章共同涉及的有关治理机制变量进行了描述性统计。基于面板数据的优势,本书实证主要用到的是面板数据模型,并将概念模型转换为统一的面板计量模型,为具体实证模型的建立和固定效应模型的设定提供依据。

第五章,集团控制上市公司治理机制与经理代理成本。本章是揭示集团控制上市公司治理机制效应的第一个环节。在提出研究假设的基础上,通过构建以经理代理成本为被解释变量的面板数据模型,利用我国 2007—2011 年沪深 A 股上市公司面板数据样本,估计得出集团控制上市公司治理机制对经理代理成本的作用结果。

第六章,集团控制上市公司治理机制与股东代理成本。本章是揭示集团控制上市公司治理机制效应的第二个环节。在提出研究假设的基础上,通过构建以股东代理成本为被解释变量的面板数据模型,利用与第五章相同的样本,估计得出集团控制上市公司治理机制对经理代理成本的作用结果。

第七章,集团控制上市公司治理机制与公司绩效。本章是揭示集团控制上市公司治理机制效应的第三、第四个环节。在提出研究假设的基础上,通过构建以公司绩效为被解释变量面板数据模型,利用相同的样本,估计得出集团控制上市公司治理机制对公司绩效的作用结果,以及两类代理成本对公司绩效的作用结果。

第八章,研究结论、启示与展望。本章对前面得出的研究结论进行了归纳与总结,指出了本书存在的不足,明确了后续研究的方向。

第三节　研究思路、研究方法与技术路线

一、研究思路

本书的研究思路围绕研究主题"集团控制上市公司治理机制的效应"展开,将集团控制、治理机制、代理成本、公司绩效置于统一的分析框架,按照"集团控制—治理机制—代理成本—公司绩效"的内在逻辑,分析了集团控制效应和治理机制效应。具体展开包括四个核心环节:一是集团控制上市公司治理机制与经理代理成本(第五章);二是集团控制上市公司治理机制与股东代理成本(第六章);二是集团控制上市公司治理机制与公司绩效(第七章);四是集团控制上市公司两类代理成本与公司绩效(第七章)。在每个环节结合产权的异质性,又分别考察了中央集团控制上市公司、地方集团控制上市公司、民营集团控制上

市公司各自与对应独立上市公司治理机制效应的差异，以及不同产权性质集团控制上市公司之间治理机制效应的差异。具体实证分析时，将公司内外部治理机制分成了七种：股权结构、董事会、高管激励、债权融资、信息披露、产品市场竞争和投资者法律保护，通过公司治理机制的衡量指标进行变量选择，将公司治理机制变量作为主要的解释变量，将经理代理成本、股东代理成本和公司绩效作为被解释变量，通过构建模型并估计结果，得出集团控制上市公司治理机制效应的相关结论。

二、研究方法

(一)文献分析法

对一个研究主题展开论证，必然要建立在参考大量相关文献的基础上，通过文献回顾发现已有相关文献的不足，形成本书主题切入点，文献分析贯穿本书的始终。假设的提出、变量的选择、模型的构建等均是通过国内外文献资料的收集、整理、比较、分析而实现的。

(二)规范研究与实证研究相结合，以实证研究为主

企业集团控制上市公司治理机制效应概念模型的构建、假设的提出等，主要运用规范研究方法来实现。企业集团控制上市公司治理机制与经理代理成本、股东代理成本、公司绩效，以及两类代理成本与公司绩效关系的研究，主要运用实证研究方法来实现。其中，实证研究是本书的主体研究方法。

(三)定性研究与定量研究相结合

本书对定性研究方法的运用，主要体现在企业集团及集团控制效应、公司治理机制及其效应等概念的界定上，我国上市公司两大特征的总结、治理机制效应概念模型的构建等均属于定性研究方法。本书对定量研究方法的运用，主要体现在样本的描述性统计上，面板数据计量模型的构建、模型设定检验、模型估计等均属于定量研究方法。

三、技术路线

本书的技术路线如图1.2所示。

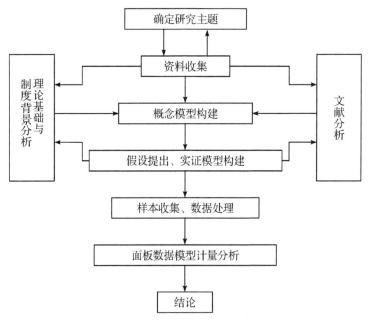

图1.2　本书的技术路线

第四节　研究创新

第一,基于新兴市场经济体中经理代理成本和股东代理成本并存的事实,本书提出"公司治理机制—两类代理成本—公司绩效"三维分析框架。与以往从"公司治理机制—两类代理成本"或"公司治理机制—公司绩效"两维视角来考察公司治理机制效应或双重代理问题相比,从"公司治理机制—两类代理成本—公司绩效"三维视角去看待公司治理机制效应或两类代理成本问题,更贴近现实,也更具解释力。

第二,在我国上市公司中,两类代理成本并存,但并非并重,而是经理代理成本大,股东代理成本小,在整体集团控制上市公司中更是如此。从代理成本—公司绩效的维度,考虑到集团控制和产权异质性,本书的实证结论为:在整体上市公司中,两类代理成本与公司绩效显著负相关,但经理代理成本的显著性更强;在整体集团控制上市公司中,经理代理成本与公司绩效显著负相关,股东代理成本与公司绩效负相关但不显著;在中央集团控制上市公司中,两类代理成本与公司绩效显著负相关,但经理代理成本显著性更强;在地方集团控制上市公司和民营集团控制上市公司中,经理代理成本与公司绩效显著负相关,股东代理成本与公司绩效负相关但不显著。这一结论与以往观点认为的上市公司代理问题主要是在大股东与小股东之间,而不是在管理者和股东之间(La Porta et al.,1999a;高雷等,2007)截然不同。

第三,在公司治理"机制—两类代理成本—公司绩效统一"三维分析框架下,考虑到产权异质性和集团控制,本书进一步深化了以往文献关于整体集团控制上市公司制度效率的认识,认为集团控制效应因产权性质而异,企业集团控制上市公司的制度结构安排,对地方国企是有效率的改进,对私企则是无效率的。本书实证发现:企业集团控制上市公司的经理代理成本、股东代理成本高于独立上市公司,公司绩效弱低于独立上市公司。其中,民营集团控制上市公司经理代理成本、股东代理成本显著高于民营独立上市公司,公司绩效弱低于民营独立上市公司;地方集团控制上市公司的经理代理成本、股东代理成本低于地方独立上市公司,公司绩效显著高于地方独立上市公司。

第二章　文献综述

第一节　相关概念界定

一、企业集团与集团控制上市公司

　　企业集团在新兴经济体中普遍存在,如巴西、智利、中国、印度、印度尼西亚、墨西哥、巴基斯坦、泰国等,甚至在一些发达经济体也是如此,例如意大利和瑞典(Khanna et al.,2007)。企业集团在不同国家和地区有不同的名称,例如,在美国被称为"business groups",在拉丁美洲被称为"groupos economicos",在德国被称为"konzerne",在西班牙被称为"grupos",在日本被称为"mitsubishi""zaibatsu""keiretsu",在韩国被称为"chaebols",在俄罗斯被称为"oligarchs",在印度被称为"business houses",在巴基斯坦被称为"Twenty-Two families"①,在我国大陆被称为"企业集团",在香港地区被称为"Hongs",在台湾地区被称为"关系企业"。企业集团已经成为国家和地区民族企业的象征(Granovetter,

---

　　①　这个术语指的是在巴基斯坦经济中具影响力的 22 个家族企业集团。

1995；Carney et al.，2011）。

Khanna 等（2001）将企业集团定义为"企业集团是一组企业，尽管彼此法律独立，但通过正式的和非正式的联结而聚集为一个整体，并且通常进行协同行动"。Khanna 等（2007）进一步指出，企业集团的特点包括：由独立法人资格的企业组成，涉及多个（常常是不相关的）行业，以绵延不断的正式（如股权）和非正式（如家族）纽带联结在一起。

Leff（1978）将企业集团定义为多公司跨业企业（multicompany firm），在不同的市场开展经营，但受共同的企业家或财务制度控制。通常，这种组织模式有两个特征：第一，集团吸收资本和高水平管理人员的来源比单一的家族企业广。资本和管理层来源于多个家族，家族企业在集团中只是一个单一的经济体。典型的集团管理者（owner-managers）包括集团起源的家族企业，但绝不是全部。基于相似的个人、种族或共同的背景而产生的相互信任关系，使集团成员紧密联结在一起。第二，像二战后的日本财阀，企业集团往往在多个产品市场进行投资和生产，而不是专注于单一市场。大的企业集团还会通过建立银行和其他金融中介机构，向集团外部吸收资本。通常，企业集团在其经营领域具有相当大的市场势力（market power）。

Granovetter（1995）认为企业集团是协同经营企业的集合，集团成员通过正式的或非正式的方式联结在一起，其性质是介于市场和单一企业的中间层级的联结。

Claessens 等（2006）将企业集团描述为通过金字塔持股、交叉持股等方式将大量企业联结在一起的企业组织形式。相较于独立企业，企业集团组织结构与包括内部资本市场在内的内部要素市场紧密联系。通过内部资本市场，企业集团在集团成员之间进行资本再配置，在某个成员外部融资短缺或不确定时，可以为其带来经济利益，如年轻和快速成长的企业或面临临时融资约束的企业。内部资本市场的优势，还反映在较高的公司价值和较好的公司绩效上。但是在内部资本市场中，企业集团成员间典型而又复杂的股权和控制结构又会带来严重的代理问题。

国外的学者对企业集团的界定并不统一,大体可分为三种类型。

第一,广义界定。该类型以 Granovetter(1995)为代表,他将通过正式或非正式关系联结在一起的单一企业群体视为企业集团,甚至将意大利产业区网络也作为企业集团的研究范畴。

第二,狭义界定。该类型以 Khanna 等(2005)为代表,他们认为除了企业集团要有共同的控制权这一突出特征之外,还应该结合特定情境进行界定。企业集团具有较大的国别差异,需要根据不同国家企业集团的不同特征做出相应的差异化界定。如对印度和韩国的企业集团强调其受家族控制,而对阿根廷的企业集团则突出其不相关、多元化的特征(Khanna et al. ,2000;Chang,2003)。对企业集团结合国别差异进行狭义界定,有助于对企业集团开展情景化的研究,但其不足也由此而生,因过于强调其情景化特征不利于相互间的比较。

第三,介于广义和狭义之间的折中界定。该类型认为企业集团具有两大特征:一是企业集团成员之间的联结是多样的,例如股权关系、市场关系和社会关系等,可以是其中的一种关系,也可以是几种关系的组合;二是企业集团成员企业建立在共同控制关系基础之上,共同控制关系建立的基础可以是所有权、经济交易、家族和血缘等。

伴随着国有企业改革的不断深入,国内学者对企业集团的研究日渐丰富,但对企业集团的研究文献总体上缺乏系统性。郑小勇等(2011)运用文献分析法,通过对国内外 650 篇相关文献进行的比较,认为企业集团本质上是指由关联企业所构成的联合体,并主张用商业集团来对应"Business Group",认为商业集团就是指一群法律上独立的企业通过股权关系、经营关系或家族关系等一种或几种纽带紧密联系在一起进而形成控制关系,并由共同的控制者实际控制的企业联合体。

蓝海林(2004)从历史的视角,通过梳理中国企业集团发展的动态演变过程,认为企业集团本质上是一种法人联合体而不是法人,当今中国的企业集团正在背离其本质含义,而更接近于西方的控股公司。目前,为了提升核心竞争力,我国企业集团有必要向西方的联合型大企业

（conglomerate）转型。

国家工商行政管理局《企业集团登记管理暂行规定》（工商企字〔1998〕第 59 号）中对企业集团进行了具体的界定。该暂行规定第三条指出，企业集团是指以资本为主要联结纽带的母子公司为主体，以集团章程为共同行为规范的母公司、子公司、参股公司及其他成员企业或机构共同组成的具有一定规模的企业法人联合体。企业集团不具有法人资格。该暂行规定第四条指出，企业集团由母公司、子公司、参股公司以及其他成员单位组建而成。母公司应当是依法登记注册，取得企业法人资格的控股企业；子公司应当是母公司对其拥有全部股权或者控股权的企业法人；企业集团的其他成员应当是母公司对其参股或者与母子公司形成生产经营、协作联系的其他企业法人、事业单位法人或者社会团体法人。该暂行规定第五条明确规定企业集团应当具备下列条件：一是企业集团的母公司注册资本在 5000 万元人民币以上，并至少拥有 5 家子公司；二是母公司和其子公司的注册资本总和在 1 亿元人民币以上；三是集团成员单位均具有法人资格。该暂行规定第二十九条补充指出，国有企业为主体设立企业集团，集团核心企业注册资本金在 1 亿元人民币以上的，可以是非公司企业法人。

综上，对企业集团这种组织形式的经济、社会、文化及历史等背景的不同理解和解释，产生了不同的界定。研究企业集团的经济学家比较倾向于强调企业集团成员间的股权联结；社会学家、政治经济学家和历史学家则更倾向于强调企业集团成员间的正式或非正式关系（蒋卫平，2006）。国家市场监督管理总局对企业集团的可操作性界定，更便于各级工商行政部门及企业实务界对企业集团产生具体、清晰的认知。

集团控制上市公司的界定与企业集团的界定密切相关。在西方文献中，"affiliation""affiliated enterprise""related enterprise""group af-filiated-firms"，均被称为"集团附属企业"。在我国的经济实践中，与企业集团的划分边界相联系，企业集团的总部或母公司被称为集团公司，集团公司的全资子公司、控股公司被称为附属企业或紧密型企业，集团公司的参股和契约型联结企业被称为非附属相关企业,即半紧密型和协作型企业,其中半紧密型企业是集团公司通过股权或其他经济的、社会的纽带联结的企业,协作型企业是与集团公司或成员企业有长期契约关系的企业(蓝海林,2004)。集团公司、附属企业、非附属相关企业共同构成了企业集团成员。本书所指的企业集团控制上市公司主要指的是企业集团附属企业,也就是企业集团附属上市公司,包括企业集团的全资上市公司和控股上市公司。

二、公司治理机制

1932 年,伯利(Berle)和米恩斯(Means)的开创性著作《现代公司和私有产权》对美国 20 家大企业所有权与控制权分离的现象进行了研究。他们指出,分散的股权会导致管理层大量滥用自由裁量权。这项工作成为一系列关于公司治理和公司金融的学术思考的起点(Tirole,2006)。

现代公司治理的正式研究发端于迈克尔·詹森(Michael Jensen)和威廉·麦克林(William Meckling)的开创性研究《企业理论:管理行为、代理成本与所有权结构》(Jensen et al.,1976)。他们把作为合约委托人的股东和合约代理人之间的利益冲突明确为企业的代理问题,从此,降低代理成本成为公司治理研究的一个重要主题。同时,代理成本概念的提出在公司治理与现代企业理论之间架起了一座桥梁,使公司治理问题与现代主流企业理论的研究有机融合在一起。企业理论可以理解为一般化的公司治理研究,而公司治理则是企业理论在资金投入与收回研究上的继续与深入。现代公司治理研究进而建立在主流经济学认可的规范、一般的分析框架之上。所以,Jensen 和 Meckling 的开创性研究被认为是现代公司治理理论研究的开端。

关于公司治理的界定,经济学界的主导观点是"公司的出资者会采取各种方式来保证自己从投资中获得回报"(Shleifer et al.,1997)。持这一观点的研究主要集中于如何保证公司的内部人能够可信地向外部投资者支付回报,从而吸引更多外部融资。当然,这一定义是狭义的。许多政治家、公司经理以及咨询师都反对经济学家把公司治理局限于投资者利益最大化的狭隘观点,认为其他的利益相关者,例如员工、社区、供应商或者顾客,他们在公司如何运营的问题上也都有各自既定的利益,因此,这些利益相关者的想法也应当被纳入公司治理的考虑范围。

公司治理与公司层面、部门层面、整个国家经济层面互为因果,需要关注相关国家的社会、经济、政治、法律环境。当一个国家的治理系统较弱时,公司治理将很难发挥作用(Claessens et al.,2012)。公司治理内生于所处环境之中,对它的界定需依据其边界而变化。总体而言,对公司治理的界定主要有两种类别。第一类界定关注公司的行为模式,一般用业绩、效率、增长、资本结构和股东与利益相关者治理等来衡量公司的实际治理行为。第二类界定则伴随一个规范性框架,即约束公司运营的规则,这些规则源于立法和司法系统、资本市场和要素市场。

如果研究的是单一国家或地区的公司治理,一般倾向于选择第一类界定方式,它关注的问题包括:董事会如何运行、高管激励对企业业绩的作用、劳工政策和企业业绩的关系,以及公众股东的作用等。如果是比较研究,则倾向于选择第二类界定方法,它关注规范性框架的何种差异会影响公司、投资者和其他相关主体的行为模式。

在公司治理的狭义界定下,中心问题仅限于资本市场中上市公司治理权益投资的规则,包括上市条件、内部人交易安排、信息披露和会计准则、少数股权保护等。

公司治理范围更具体地限定于资金供给时,其焦点问题成了如何保护外部投资者免受内部人"掏空",包括少数股权保护,反映在担保和破产法及其执行方面的债权权利上,同时包括执行董事权利和集体诉讼能力。这一概念界定与Shleifer等(1997)的界定相接近。这一界定还可以进一步扩展为:分散投资者集体行动问题的解决和公司各声索权主体之间利益冲突的协调。公司治理机制是一套公司交易关系的制度安排,旨在通过剩余索取权和剩余控制权的合理配置以保证企业的效率和持续经营(杜湘红,2010)。

公司治理是当所有权与经营权分离时的一整套关于公司经营的机制,这是稍微宽泛的界定。这一界定与卡德伯利委员会(Cadbury Committee)1992年的界定相接近:公司治理是指导和控制公司的系统。为解决管理层决策和社会整体最优之间分歧所产生的问题,Jensen(1993)提出了对公司经营的四种控制机制(力量):资本市场、法律/政治监管机制(系统)、产品和要素市场、以董事会为首的内部控制机制(系统)。

Zingales(1997)从经济和法的角度,对公司治理进行了更加广义的界定:围绕企业准租金进行事后讨价还价的复杂约束集。这个定义可以进一步扩展为企业价值增值的决定以及在利益相关者之间的分配。Williamson(1996)认为治理机制就是制度,即公司治理机制指的是一套规则或制度。这些规则和制度的功能可以分为六类:汇集资源和分散的股份;跨时空转移资源;管理风险;产生和提供信息;应对激励问题;解决对公司价值的竞争性声索权。于是,公司治理的可操作化定义可以视为:与公司相联系的发挥这六类功能的制度和政策域(Claessens et al.,2012)。

在公司治理广义的定义下,公司治理框架的边界最大化为所有利益相关者。公司治理包括股东、债权人与公司的关系,资本市场、制度和公司的关系,员工和公司的关系,同样也包括文化和环境方面公司社会责任的问题。

制度和规则内生于国家其他的因素和条件,并且随时间的推移不断演化。Shleifer等(1997)从动态和内生视角对公司治理机制进行了界定:公司治理机制是随着政治进程而改变的经济的和法律的制度。对基于公司治理机制的动态和内生视角的研究,受到了国内外研究者的重视和关注,并且已经成为目前公司治理机制研究的前沿和热点。

Denis(2001)对从 1976 年 Jensen 和 Meckling 的开创性研究《企业理论:管理行为、代理成本与所有权结构》到 2001 年共 25 年有关公司治理的经典文献进行了综述,指出公司治理包含了一整套关于制度和市场的机制,这些机制诱导自利的经理(控制者)最大化代表股东(所有者)利益的公司剩余现金流价值。Denis 还对 Jensen(1993)提出的四种机制做了重新表述,即法律和监管机制、内部控制机制、外部控制机制和产品市场竞争,其中内部控制机制包括董事会、经理薪酬和股权、外部大股东和债权融资,外部控制机制主要指控制权市场(接管市场)。

郑志刚(2004)认为公司治理机制指的是各种利益相关者利用现有法律和管制框架以及公司章程对各自权益的保护,通过权力的实施来实现控制公司目的的一种手段,它是或者通过市场竞争的自发选择,或者在公司治理理论指导下的人为的制度设计等各种降低代理成本从而在一定程度上解决代理问题的各种制度或机制的总称。他采用 Denis(2001)的分类方法对公司治理机制进行了分类。按照制度设计所利用资源的来源,把公司治理机制分为内部治理机制和外部治理机制,统称为治理机制。其中,外部治理机制包括法律和政治途径、产品和要素市场竞争、控制权市场、声誉市场等,内部治理机制包括激励合约、董事会、大股东治理和债务融资等。

本书借鉴 Denis(2001)、郑志刚(2004)、Jiang 等(2015,2020)等学者的分类,将公司治理机制分为内部治理机制和外部治理机制:内部治理机制包括股权结构、董事会、经理激励、债权融资等,外部治理机制包括信息披露机制、投资者权益保护、产品市场竞争和控制权市场等。

三、公司治理机制效应

在现有国内外文献中,对公司治理机制效应大都没有具体严格的界定。Denis(2001)指出分析公司治理机制效应时应关注两类问题:一是看是否减弱了管理层和股东的利益冲突;二是看是否对公司业绩或公司价值产生了影响。

从现有文献来看,一般认为公司治理机制效应是公司治理机制对公司绩效的影响,并将公司绩效指标细分为会计绩效和市场绩效两类,有些文献单独用会计绩效来度量公司治理效应(邓莉等,2007;吴婧,2007;王大义,2009;黄文青,2010;强国令等,2012),有些文献单独用市场绩效来度量公司治理效应(邵国良,2005;王满四等,2007),也有文献是两类指标并用(汤小莉,2010;史晓明,2010;张婉君,2011)。

谭云清等(2007)通过相关文献综述,概括了产品市场竞争机制的公司治理效应,具体包括公司绩效改善、CEO变更、企业生产率提升、企业研发创新。

王满四(2003)将债权融资的公司治理效应界定为"债权人利用法律和合同所赋予的权利,在保障自身利益的基础上采取一定的方式或方法对债务人——负债公司及其经营者或经理人员行为进行的监督控制或激励约束,从而对负债公司的治理机制和治理绩效所发生的影响或带来的效应",并将其分为激励效应和控制权效应。吴婧(2007)将债券融资所发挥的功能界定为债权融资的公司治理效应,具体包括激励和约束功能、缓解信息不对称程度和实现控制权有序转移功能。邓莉等(2007)将债权融资的公司治理效应分为控制权效应、股权结构效应、自由现金流效应、代理成本效应和治理绩效等。

蒋琰等(2009)从单一公司治理机制和综合公司治理机制两方面出发,对公司治理机制与股权融资成本关系进行了实证,将股权融资成本降低作为公司治理机制的效应之一。

综上,公司治理机制效应是通过公司治理单一机制或总体机制功能的发挥,实现对经理代理成本或股东代理成本的制约或降低,从而直接或间接对公司绩效或公司价值产生影响。

第二节　企业集团控制效应

在新兴经济体中,企业集团作为多个独立法人企业联合体普遍存在,并发挥重要作用。集团成员企业数量在各新兴经济体中所占比重较大,智利约为1/5,印尼约为2/3,中国大陆地区甚至高达3/4以上。另外,集团成员企业的规模相对非集团成员企业的规模较大,集团成员企业的资产回报率(ROA)与非集团成员企业相比具有差异性,但在不同经济中表现不同,详见表2.1(Khanna et al.,2007)。

表 2.1　新兴经济体中集团成员企业情况

经济体	数据年份	企业数量/家	集团成员企业数量/家	集团成员企业规模中位数/非集团成员企业规模中位数	集团成员企业ROA中位数/%	非集团成员企业ROA中位数/%	集团成员企业ROA标准差/%	非集团成员企业ROA标准差/%
阿根廷	1990—1997	25	11	5.5	3.9	7.8**	3.7	4.9**
巴西	1990—1997	108	51	2.5	3.3	1.8**	4.1	5.1
智利	1989—1996	225	50	18.7	5.9	2.2*	4.4	4.1
印度	1990—1997	5446	1821	4.4	11.7	9.6*	4.6	4.4*
印尼	1993—1995	236	153	2.8	7.3	7.8	1.9	2.5*
以色列	1993—1995	183	43	5.0	6.3	3.9*	2.1	2.6
韩国	1991—1995	427	218	3.9	4.8	5.1	1.9	2.6*
墨西哥	1988—1997	55	19	2.3	8.2	6.1	3.1	2.6
菲律宾	1992—1997	148	37	3.4	7.3	4.0	2.5	2.9
中国台湾	1990—1997	178	79	2.0	5.1	6.2	1.7	2.3**
泰国	1992—1997	415	258	2.3	2.9	4.4*	4.3	4.9**

续表

经济体	数据年份	企业数量/家	集团成员企业数量/家	集团成员企业规模中位数/非集团成员企业规模中位数	集团成员企业ROA中位数/%	非集团成员企业ROA中位数/%	集团成员企业ROA标准差/%	非集团成员企业ROA标准差/%
土耳其	1988—1997	40	21	1.0	24.6	26.3	6.2	9.1
二战前日本	1932—1943	58	17	6.8	5.5	6.4	4.4	7.1
二战后日本	1977—1992	1002	94	8.5	3.4	3.6	2.2	2.3
中国大陆	2007—2011	1182	890	1.9	3.9	5.4*	5.1	5.6*

注:①二战前日本集团成员企业仅指三大财团成员企业。战后日本集团成员企业界定为理事长俱乐部成员。

②显著性水平均值检验采用 Wilcoxon Signed-Rank Tests。排除利润率大于 100% 和低于 −100% 的企业。*、** 分别表示集团成员企业和其他企业的差异在 5%、10% 的水平上显著。

③表中数据大部分来自 Khanna 等(2005,2007),中国大陆数据由笔者根据本书样本计算整理得到。

附属于企业集团是否影响集团成员企业的绩效?Khanna 等 (2001)对 14 个新兴经济体(阿根廷、巴西、智利、印度、印度尼西亚、以色列、墨西哥、秘鲁、菲律宾、南非、韩国、中国台湾、泰国和土耳其)中集团成员企业和非集团成员企业(独立企业)的业绩进行了比较。研究结果显示,有 6 个经济体的集团成员企业业绩优于独立企业,有 3 个经济体的集团成员企业业绩劣于独立企业,另外 5 个经济体中集团成员企业业绩和独立企业业绩无显著差异。由于历史、制度和环境的不同,附属于企业集团对企业业绩的影响存在较大的差异。

新兴市场缺乏有效的制度,导致存在严重的代理和信息问题。新兴市场中的企业集团有使其成员受益或受损的潜在的两面性。Khanna 等(2000)以 1993—1996 年印度 1309 家上市公司(其中 655 家为集团成员企业)为研究样本,通过集团成员业绩和非集团成员业绩的对比,发现会计和股票市场业绩期初随着集团多元化而下降,而后一旦集团多元化超过特定程度,业绩将会上升。股票市场业绩对比揭示了印度企业集团成员与美国联合型大企业的企业生产线不同,更接近于美国杠杆收购(LBO Associations)成员企业,总体上附属于企业集团的上市公司的业绩要好于独立上市公司。这是因为在印度外部市场(如产品市场、劳动力市场、资本市场)不健全的情况下,多元化集团内部存在的要素市场表现出相对高的效率,但也存在一些小型的多元化企业集团由于管理不到位而业绩表现不佳。

Perotti 等(2001)以 1995—1996 年俄罗斯最大的 200 家上市公司为样本,研究了金融—产业集团的治理作用及其对资本配置的影响。第一,他们将集团成员企业和独立企业(包括股权分散和内部人控股企业)相比较,发现集团成员企业投资对内部资金不敏感,独立企业则敏感,并且,金融—产业集团成员企业现金流与投资负相关,这与集团内部存在广泛的资源再配置一致。解释之一是集团内部存在内部资本市场将资金配置到拥有更好投资机会的成员企业;与此相悖的解释是内部资本市场隐藏投资机会、价值的交叉补贴行为。通过测量投资与托宾 Q 的相关性来评估企业集团成员企业和独立企业投资活动的质量,结果支持集团内部成员企业比独立企业具有更优的资本配置,尽管不能够排除掏空的可能。第二,他们将企业集团进一步区分为以更多的层级为特征的银行主导型企业集团和以更多的防御性安排为特征的产业主导型企业集团。在产业主导型企业集团中,投资与现金流并不显著相关,而在银行主导型企业集团中,投资与现金流存在负相关关系,说明银行主导型企业集团成员之间存在更广泛的资金配置和对盈利成员企业现金牛的利用。而且,集团成员企业投资对托宾 Q 的高敏感性也完全归因于银行主导型企业集团成员,说明银行主导型企业集团中的控制性银行具有更大的利润动机和权威进行资金的再配置。

Gonenc 等(2004)以 2000 年土耳其 200 家上市公司为样本,比较了企业集团成员和独立企业的绩效,结果表明附属于企业集团提高了企业

的会计绩效而非股票市场绩效,而且会计绩效随着企业集团多元化程度
的提高而增加。研究结果同时显示,企业集团附属于银行可以提高集团
成员的会计绩效,但是会降低企业集团成员企业的市场价值,支持了企业
集团内部资本市场资金配置不当的观点。另外,独立企业主要通过外部
资本市场筹集资金,而集团成员企业主要通过内部资本市场筹集资金。

Claessens 等(2006)以 1994—1996 年 9 个东亚国家和地区 2000 家上
市公司为样本,通过比较企业集团成员企业运用内部资本市场产生的利
益和与之相关的代理成本,发现成熟且缓慢增长的集团成员企业利用所
有权结构产生的代理问题从集团中获利,而年轻且快速增长的企业则会
遭受损失;除日本之外,代理问题是决定内部资本市场收益分配的重要因
素,但在日本却并不重要;融资约束企业可以从所附属的企业集团中获利。

表 2.2 汇总了有关韩国企业集团的相关研究文献。从主要观点可
以看出,这些文献展示了近些年对韩国企业集团作用认识的深刻变化:
从企业集团是多元化主体的积极的(或至少是混合的)观点,到企业集
团不受欢迎的消极印象。表 2.2 也反映出经济金融研究领域的一些流
行趋势,即对掏空和控股股东与小股东冲突问题的关注。韩国快速发展
时期广受赞誉的一些企业集团特点(如集中的控制权),在近期的研究中
亦被重新解释为对小股东不利的潜在弱点(Khanna et al.,2007)。

表 2.2　韩国企业集团相关研究文献

文献	主要观点	样本规模	样本区间
Chang 等 (1988)	多部门结构的企业集团可以节约交易成本,从而表现出更为优异的经济绩效	63 家集团成员企业和 119 家独立企业	1975—1984 年
Shin 等 (1999)	大型财阀企业的内部资本市场打破了企业的融资限制,但又造成了无效率的资金配置	123 家集团成员企业和 94 家独立企业	1994—1995 年
Choi 等 (1999)	集团企业在 1989 年以前利润率相对较低;与非成员企业相比,大型集团的成员企业增长率较高、利润率变动较低	91 家集团成员企业和 161 家独立企业	1985—1993 年

文献	主要观点	样本规模	样本区间
Chang 等 （2000）	集团各公司可与其他成员共享集团的无形资源和财务资源。广泛利用多种形式的内部业务交易形成交叉补贴，如债务担保、股票投资和内部交易等	317 个企业集团的 1248 家公司	1996 年
Baek 等 （2002）	大型财团成员企业的收购行为会带来股价的明显下跌。收购增加了集团内其他企业的价值，从而导致收购公司的小股东受损，而控股股东得利。符合隧道行为	参与 107 项收购的 87 家企业	1981—1997 年
Campbell 等 （2002）	大型财团的公司治理问题可能会加重目前的金融危机	356 家企业	1993—1999 年
Chang 等 （2002）	企业集团在发展中国家非常重要，因为它们可以规避市场的低效率；但这种作用在大企业集团中并不明显，且会随时间的推移而不断减弱	368 个集团的 1666 家企业	1985—1996 年
Chang （2003a）	集团下属上市公司的所有权结构和业绩之间的关系具有同步性。业绩决定了企业的所有权结构，反之则不然；控股股东会利用内部信息直接或间接地增持那些更为盈利的企业的股权，并通过集团内部交易向其他成员企业转移收益	419 个大型财团成员企业	1986—1996 年
Ferris 等 （2003）	与非成员企业相比，大财团的成员企业会遭受价值损失。原因可能是：追求利润稳定而非利润最大化；过度投资于表现欠佳的产业；集团内对弱小企业的交叉补贴	759 个大型财团的年度观察值和 1316 家独立企业的年度观察值	1990—1995 年
John （2003）	当控股股东的现金流权较低时存在隧道行为	5829 家企业	1993—1997 年
Kim 等 （2003）	经济危机期间的绩效与代理问题有关	590 家企业	1997 年 5 月— 1998 年 8 月
Baek 等 （2004）	经济危机期间企业价值变化是公司治理在企业间差异的函数	644 家企业	1997 年 11 月— 1998 年 12 月

续表

文献	主要观点	样本规模	样本区间
Lim 等（2005）	以非制造型企业占高比例的高杠杆企业集团倾向于直接持股。以无表决权股份占高比例的较大型企业集团倾向于金字塔结构。业务集中的企业集团往往具有较大的家族股份	669 家企业	1995 年

从表 2.2 的研究样本和研究时期可以看出,受限于数据,有关企业集团的研究对象多为上市(或准上市)公司,未能充分利用有关集团结构、家族和其他可能的集团内部契约等方面的信息,以及缺乏动态研究的视角。

第三节　公司内部治理机制及其治理效应

一、股权结构

股权结构指的是不同的股东所拥有的股份占全部股份的比例,基于此,常将公司治理机制区分为分散股权的公司治理和集中股权的公司治理两类,其他的公司内部治理机制均围绕股权结构展开,股权结构的特征决定了相应的治理重心:在分散的股权结构中,治理的重点是第一类委托—代理问题,目标是实现激励相容,往往把股权的相对集中作为治理手段之一;在集中的股权结构中,治理的重点是解决大股东与中小股东的冲突,即第二类代理问题,其目标是保护中小股东的利益,往往把股权的相对分散作为治理手段之一。

Berle 和 Means 在研究中指出,分散的股权结构改变了股权和控制权的联系,进而侵蚀了以利润最大化为导向进行资源配置的作用。分散的股权致使股东无力约束管理层。同时,管理层的利益与股东的利益往往不一致。这意味着公司的资源没有完全用来追逐股东利润。那么,更高的股权集中度,将使管理层行为和股东利益建立更稳固的联系,应该产出更高的利润率(Tirole,2006)。

Demsetz 对 Berle 和 Means 的观点提出了质疑,认为股权集中度与利润率不相关,股权集中是对企业经营特征的均衡反映(Demsetz,1983)。他后来的实证研究支持了他的观点,即股权结构以与价值最大化相一致的路径而系统性变化。实证发现股权集中度与会计利润率没有显著关系(Demsetz,1985)。

Admati 等(1994)建立了一个理论模型,从风险分担的角度认为影响证券期望收益的大股东监督是高成本的,论证了股权结构分散的合理性。股东的积极型监督观支持股权结构的集中,尽管分散股权在监督问题上存在"搭便车"现象,股权集中会带来风险分散不足的成本。风险分担的考量会导致存在监督的均衡的发生。

Bolton 等(1998a)认为一个企业的最优股权结构是在股权分散所带来的股票二级市场流动性收益与一定程度的股权集中形成的对经理人的有效监督带来的收益的两难抉择的结果。

Pagano 等(1998)则从控制性股东的角度,认为最优的股权结构是找到分散股权和避免被其他股东过度控制的平衡点。股权分散可以通过上市来实现,但是上市选择会产生上市成本和控制权稀释。如果不上市,控制性股东可通过私下出售股权以避免上市成本,但是会带来其他股东的过度监督。因此,控制性股东面临上市成本和过度监督成本的权衡。

Bennedsen 等(2000)分析了以缺乏股权再交易为特征的封闭公司。公司的创建者能够迫使几个大股东形成联合以获得控制权,从而与几个大股东一起最优地选择股权结构。通过组合各大股东的现金流权,使联合内化到一个较大的程度,从而能够比任何单一大股东采取更有效的行动。这种模式会对现金流权和投票权的最优结合产生影响,同时也会影响股东的最优数量和规模。

与通过股权集中限制经理人的自由裁量权,从而减少经理代理成本的观点不同,Burkart 等(1997)提出分散的外部股东引致管理层自由裁量权的成本,但同时也会产生收益。尽管股东的严密控制在事后是有效率的,同样也具有事前的惩罚性威胁,这将减少管理层的首创精神和专用性投资。另外,权益工具的状态依存控制特征与债务相联系,监管导致的股权集中与基于业绩的激励方案相冲突。

Müller 等(2001)建立了一个理论模型,运用寻租理论证明了引入分散股东是最优的。因为企业内部合约的不完全性,经理层会耗费企业资源掠夺企业剩余,使得控制股东和经理层围绕企业剩余分配而展开寻租行动。虽然分散的外部股东的引入将产生新的冲突,引致新的寻租行动,但是分散的外部股东作为控制性股东和经理层的共同敌人,将减少企业内部围绕剩余分配冲突而导致的净损失。因此,从降低寻租成本角度来看,股权分散是最优的,这也是很多企业选择上市的原因之一。

二、董事会

董事会是由市场诱导并演进形成的内生组织或制度,其中心任务是协调各种利益矛盾,并最有效率地对代理关系进行控制(宁向东,2006)。控制权市场是对经理败德行为最有力的约束,董事会则是监督经理的一个成本最低的内部资源(Fama,1980;Fama et al.,1983)。作为一种重要的内部治理机制,各国的公司法都无一例外地对董事会职责进行了规定,董事会被认为是代理契约的标准形式之一。

有关董事会的理论研究主要集中于董事会的职能。Hermalin 等(1998)通过建立理论模型分析了部分股权被首席执行官(Chief Executive Officer，CEO)控制下产生的董事会，又如何有效地监督 CEO。在该模型中，董事会有效性是其独立性的函数。董事会的独立性是内生的，是现有董事和 CEO 对继任董事谈判(隐式或显式)的函数。CEO 在董事选举过程中的谈判能力源于 CEO 对潜在继任者的感知能力。关于董事会结构和绩效的许多实证发现源于这一模型的均衡现象。

Adams(2003)分析了双层董事会和单层董事会下董事会的监督和咨询职能。在单层董事会的二元职能下，经理人面临向董事会披露信息的考量。一方面，如果经理人向董事会揭示信息，将获得更好的咨询建议；另一方面，董事会能够基于经理人揭示的信息改变对经理人能力的看法。从减少董事会二元职能冲突的角度来看，双层董事会结构要优于单层董事会结构。

董事会治理效应主要实证考察董事会特征(董事会的规模和领导结构)、董事会行动对 CEO 的约束(如同意接管活动或解雇现任 CEO 等)、公司绩效之间的关系。但实证结论并不统一。主要原因在于内生性问题。例如，公司业绩较差会刺激公司改造董事会，增加外部董事比例，而其结果会导致外部董事比例与公司业绩呈反比(Hermalin et al.，1998)。

三、经理激励

由于股东和经理的利益不一致、信息不对称和股东对经理直接监督困难，为了防范经理一味追求个人利益和损害股东利益，可以通过经理激励合约设计，事前和事后调动经理的工作积极性，使经理在追求自己利益的同时，最大限度地实现股东利益，即实现激励相容。所谓经理激励合约是指通过在股东与经理人之间订立隐性或显性合约，来实现把对经理人专用性投资的激励性报酬建立在企业业绩等可证实的指标上，从而使经理人在一定程度上按照股东的利益行事(郑志刚，2004)。其中激励性报酬指的是有风险的奖金和基于股票的报酬(股票和股票期权）。

经理激励机制的治理效应主要集中在经理薪酬、经理持股比例和经理变更所产生的影响。但实证结论并不统一。

经理薪酬与公司治理效应：经理薪酬与公司绩效仅存在弱相关关系（O'Reilly et al.，1988）；不存在相关关系（Jensen et al.，1990；李增泉，2000）；存在相关关系（杜兴强等，2007）。

经理持股比例与公司治理效应：经理股票期权激励与公司业绩正相关（Core et al.，2001）；管理层股权激励与企业价值存在倒 U 形关系（王华等，2006；李维安等，2006）；管理层持股比例与公司经营业绩不相关（宋增基等，2005）。

经理变更与公司治理效应：经理变更与公司绩效不存在相关关系（Hadlock，1994；Sirmans et al.，2006；李汉军，2007）；经理变更与公司业绩负相关（Kato et al.，2006；张沛沛等，2006）。

四、债权融资

债权人和债务人的利益不完全一致，并且债权人经常因为债务人事后改变股利政策、债权索取权稀释、资产替代和投资不足而蒙受损失（Smith et al.，1979）。债权融资治理机制是指债权人所采取的用以保障自身利益并影响负债公司治理机制或治理绩效的监督或激励约束的方式或方法所形成的机制（王满四，2003）。债务可以强制企业回吐现金流。根据自由现金流理论，债务通常被看作一种约束机制，尤其是短期债务。债务可以通过以下途径给经理人施加压力（Tirole，2001）。

第一，通过提取出公司的现金，可以防止经理人把自由现金流变成奢侈的在职消费或者无效的净现值为负的投资。

第二，债务可以激励管理层。管理层必须预计将来的债务，以便及时地偿还，因此，管理层必须关注将来债务偿还之外的现金流，或提高公司的预期前景以便将来发行证券融资。极端情况下，公司可能会在破产程序中被清算,这会增加经理被解聘的概率。这种缺乏流动性的威胁对管理层起到了正面的约束作用。

第三,当公司陷入财务困境,但还没到被清算的地步时,债权人会因为债务没有得到偿还而取得公司的控制权(张维迎,1995a)。在控制权由股东被转移到债权人手中时,不同的索取权拥有者拥有的现金流权利也不同,干预管理层的激励也将发生变化。债权人比股东更为保守,因为公司收益再好他们也不能享受额外收益,公司亏损严重时他们还会遭受损失,所以,债权人更倾向于限制风险,尤其是减少投资和新项目。极端情况下,债权人比股东更热衷于对公司进行清算。

第四,当经理对公司的现金流拥有大量的索取权时,持有债权的投资者可以使经理成为他们绩效的剩余索取者。

但是,债权融资机制也存在一定的局限性。首先,债权尤其是短期债权的索取权,使公司面临流动性风险,在再融资市场的信贷配给受限时,公司缺乏流动性的成本进一步加大。其次,由于公司破产会带来较大的社会负面效应,面临破产的公司,首要选择是债权转为股权等重组方案,即使进入破产程序,由于谈判的低效和巨大的交易费用,使得清算难以有效执行。尤其是国有企业的管理层,公司破产威胁的有效性更低。这些因素使得债权融资机制的约束性大大降低。

第四节 公司外部治理机制及其治理效应

一、信息披露机制

信息不对称是委托—代理问题产生的重要原因之一,高的信息披露透明度可以有效降低大股东与小股东以及监管者之间的信息不对称程度,便于小股东与监管者对大股东进行监督和制约,可以有效地减少代理冲突(La Porta R et al.,1998;Johnson et al.,2000;王茔等,2019)。同样,基于信号传递理论,有效的信息披露可以提升市场的有效性,增加股票的流动性,降低资本成本,这成为其他内外部治理机制有效性的基础。因此,作为减少公司代理问题的一种手段,公共政策典型地偏好更多的公司信息披露。

但是,更多信息披露可以减少代理问题的观点是不完全的,相反,更多的信息披露管制也可能恶化代理问题并增加包括经理薪酬在内的相关代理成本。信息披露存在一个临界点,超过该临界点,增加额外的信息披露将减少公司价值。在其他条件相同的情况下,大公司比小公司更倾向于采取严厉的信息披露制度,具有较高信息披露水平的公司往往能够雇用到更有能力的经理。因此,随着信息披露管制的增强,CEO薪酬和更换频率也会增加(Hermalin et al.,2012)。

王克敏等(2009)从信息透明度与大股东资金占用关系的角度,实证发现公司信息透明度越差,大股东资金占用问题越严重,认为提高信息透明度有助于缓解大小股东之间的代理冲突。汪炜等(2004)、曾颖等(2006)从信息披露与权益资本成本关系的角度,实证发现上市公司信息披露水平的提高有助于降低公司的权益资本成本。从信息披露和股票流动性的角度,巫升柱(2007)、吴战篪等(2008)实证发现信息披露水平与股票流动性呈显著的正向关系。Baek等(2004)实证发现,1997年亚洲金融危机爆发时,韩国会计信息披露透明度越高的公司,股票价格下跌越少。张纯等(2007)则从缓解融资约束的角度,实证发现信息披露水平和以分析师为代表的市场关注程度的提高能显著降低企业的融资约束。

Jiao(2011)根据美国投资管理与研究协会(The Association for Investment Management and Research,AIMR)信息披露排名,实证发现信息披露水平和股票回报正相关,并且信息披露水平和公司价值高度正相关。林有志等(2007)以我国台湾地区上市公司为样本进行了实证研究,发现信息透明度较高的公司,会计绩效和市场绩效均较高。张宗新等(2007)、蔡传里等(2009)、王雄元等(2009)同样实证发现信息披露水平与公司绩效存在正向关系。张兵等(2009)考虑内生性,实证发现财务绩效与信息透明度显著正相关,而信息透明度对公司市场价值的影响呈现先降后升的微笑曲线效应。Shin 等(1999)以我国台湾地区公司为样本,实证发现经理薪酬的自愿性充分信息披露与公司价值成正比,经理薪酬透明度低的公司无助于提升公司价值。与其他研究结论相反,于健南(2010)以上市家族公司为样本,实证发现上市家族公司的信息披露水平(信息透明度)与企业价值成反比关系,即信息透明度越高,企业价值越低。由于信息披露的治理效应不明显,信息披露的成本大于信息披露的收益,最终导致对公司价值的负面影响。

二、投资者法律保护

治理公司的法律和监管机制是存在于公司之外的最基础的公司治理机制(Denis,2001),各种公司治理机制在不同程度上无不依赖法律做出规定或加以实施,企业向投资者返还回报和本金的承诺取决于外生的政策环境。

LLSV[①](1997,1998,1999a,1999b,2000,2002,2008)发起了一系列的研究,以考察不同国家法律结构和公司金融(含公司治理)之间的关系。他们考察了两种广泛意义上的法律系统,即普通法系(Common Law)和大陆法系(Civil Law)。大多数英语国家采用的都是普通法系,强调司法独立、参照先例,并且是不成文法。相反,大陆法系国家则着重成文法,而且,其决策更为集中。这就使得与采用普通法系的国家相

---

① 20 世纪 90 年代中后期,拉波塔((La Porta)、洛佩兹·西拉内斯(Lopez de Silanes)、安德烈·施莱弗(Andrei Shleifer)和罗伯特·维什尼(Robert W. Vishny)四位学者通过整理多国的政治、法律、宗教、文化和经济等方方面面的量化数据,第一次明确将法律因素引入解释金融发展和经济增长的具体研究中。由于他们经常一起署名发表文章,学界称之为 LLSV 组合。

比较,采用大陆法系的国家中的一些利益集团更容易对决策施加影响。大陆法系还包括三个子类:法国法、德国法和斯堪的纳维亚法。随着占领、殖民化、引进或模仿,普通法系和大陆法系的采用范围都在扩大。

LLSV用一些定性的变量来衡量对投资者的保护。对股东的保护措施包括:同股同权;允许通信投票权;少数股东对管理层决策的质疑会受到司法裁决;发行新股时的优先认购权;召开特别股东大会的权利。对债权人的保护措施包括:申请重组须得到债权人同意;重组时债务人对财产不再享有支配权;有担保债权人有权获得抵押品以及破产程序中的优先受偿权。股东权利和债权人权利分别加总在了对抗董事权利指数和债权人权利指数上,得出了法律系统与投资者保护之间的一些联系:对股东的保护,普通法系国家最强,在法国式的大陆法系国家最弱,德国和斯堪的纳维亚式的大陆法系国家介于两者之间(La Porta R et al.,1997,1998,1999,2000,2002,2008)。

LLSV描述了对股东的保护与证券市场的广度存在正相关关系。例如,在意大利,公司几乎不会上市,而表决溢价(现金流权相同但表决权不同的两种股份之间的差价)比美国要大很多。德国股票市场的资本总额与GDP相比非常小。更一般的情况是,外部资本尤其是股权与GDP的比率,普通法系国家的最大,普通法系国家采用首次公开发行的公司也是最多的(La Porta R et al.,1997)。

在一些投资者保护比较弱的体系中,会出现替代机制。LLSV提出了两类替代机制。一是明线规则(bright line rules),即法律上采用强制性标准向投资者扣留并分配资本,限制管理层掏空的机会。法国式大陆法系国家更倾向于采用明线规则,即强制性鼓励和法定资本留存。二是股权集中。股权的适度集中提供了管理层激励,并且大股东也被激励去监督管理层。在法国式大陆法系国家,所有权的集中程度比其他国家高出很多(La Porta R et al.,1998)。

LLSV更一般性地验证了,非盎格鲁-撒克逊国家的大企业通常都控制在居民股东(resident shareholders)或者一群股东的手中。大众持股的公司在股东保护措施较好的国家更为普遍。欧洲公司的控制权比较集中，不仅是因为存在大的投资者，还因为其他持股人都微不足道。在美国和英国，第二大和第三大股东所持股份往往不会比第一大股东少太多（La Porta R et al.，1999a）。

Davydenko 等（2008）利用法国、德国和英国在银行债务中违约的一些小企业的样本进行了实证研究，发现在这三个国家中，法国对债权人的权利保护最弱：法庭依法实施的程序是为了追求企业持续经营以及就业；在清算的情况下，即使是有担保的债权人，其优先级也必须排在国家和员工之后。相反在英国，有担保的债权人可以强制实行债务合同所确定的私人合约程序。

但是，随着大陆法系和普通法系的相对趋近，法系渊源本身似乎并不能解释美国和英国以及美洲和欧洲大陆之间在公司治理方面存在的差异，必然存在滞后因素使得这些系统具有强（弱）投资者保护措施。因此，法律制度或合约制度是内生的，它们受政治联盟的影响，而政治联盟本身又取决于金融发展的结果。

三、产品市场竞争

在市场经济条件下，产品市场竞争可以改善整体经济效率，同时也可以提升公司治理的有效性。密切的竞争对手相当于为衡量公司管理质量提供了一个标尺，当公司面临某些特殊的市场环境时（例如公司是市场的垄断者），管理层可以将不良绩效归咎于运气不好，但是，如果竞争对手面临大致相似的成本和需求条件却取得了较好的绩效，管理层就不那么容易再用运气不好作为借口。这种衡量基准在管理层的绩效评估中得到广泛运用（Tirole，2001）。

即使对手的实际绩效无法观测到，产品市场竞争仍然能够提高经理的绩效。产品市场竞争的存在，使得公司面临的外部冲击被过滤或者削弱。假如市场需求很高或者供给很少，处于垄断位置的企业的管理层将从这一有利形势中获益。如果他们的报酬对利润相当敏感,他们可以将这一有利形势转化为货币租金;或者,他们可以轻松地保持不错的绩效。对于竞争性企业,情况则不同。尽管生产成本很低,但对该企业和其他企业都是如此,那么这将形成激烈的竞争,这样,管理层从有利形势中获得租金就不那么容易了。

产品市场竞争影响管理层激励的另一个机制是破产程序。管理层通常都会担心破产,破产威胁将使他们失去工作或管理层的特权。竞争使得垄断者享有的有利形势不复存在,因此,竞争使得管理层必须保持警醒。

产品市场竞争是公司治理长期发挥作用的力量之一,其本身也存在固有的缺陷(郑志刚,2004)。第一,产品市场总是在代理问题产生之后才发挥作用。第二,不能从根本上阻止管理层对竞争性收益的侵占。产品和要素市场竞争驱使价格移向最小平均成本,管理层因此必须促进企业提高效率以提升企业持续经营的生存机会。但是,新的和存在大量经济租金(经济活动所产生的超过资源机会成本的报酬)或准租金(经济活动产生的超过资源短期机会成本的报酬)的经济活动,将产生大量的自由现金流,根据自由现金流理论,产品市场竞争的监督力量对这些经济活动常常较弱(Jensen,1986)。在这种情况下,内部治理机制和控制权市场将更加重要。

第五节　文献述评

企业集团在新兴市场普遍存在。新兴市场缺乏有效的制度,导致严重的代理和信息问题,作为有组织的市场和有市场的组织,企业集团被看作市场的有效补充。然而新兴市场中的企业集团有使其成员受益或受损的潜在的两面性,对企业集团起作用的内在逻辑并没有被完全理解或达成共识。随着制度的演进，企业集团控制的正负面效应出现交替变化，以前在韩国快速发展时期大受赞赏的一些企业集团的特质，在近期的研究中被重新解释为对中小股东不利的潜在弱点。对集团成员企业而言，企业集团是天堂还是寄生虫（Khanna et al.，2007），因历史、文化、制度等不同而存在差异，尚缺乏一致的研究结论。

从公司治理的角度来看，企业集团控制的负面效应主要是指企业集团成员遭受的代理成本，企业集团控制的正面效应主要是指企业集团成员比独立企业能够产生的超额收益。现有研究往往把这两者割裂开来，然而这两者具有内在逻辑一致性，需要置于统一的框架中进行研究。这种割裂情况表现在几个方面：在研究经理代理问题时，常做出股东分散或集中的隐含假定，分别产生了股权分散情况下的 BS（Berle 和 Means）模式，股权集中情况下的 LLSV（La Porta，Lopez De Silanes，Shleifer，Vishny）模式。从公司治理机制及其效应本身而言，这种模式的划分具有一定的合理性，即要么侧重于抑制经理代理成本，要么侧重于抑制股东代理成本。因为治理机制设计是一个权衡优化的博弈过程，股权分散模式下通过适度集中等便于有效监督经理层，股权集中模式下强调股权制衡、培育机构投资者等便于抑制掏空行为。另外，这种割裂还体现在治理机制、代理成本、公司绩效上。按照割裂的情况不同，现有文献常集中在治理机制与代理成本、治理机制与公司绩效两类，两者研究结论均没有达成一致，前者以代理成本的抑制作为治理机制有效性的判断标准，后者则以促进公司绩效的提升作为治理机制有效性的判断标准，但将两者的结论放在一起则会出现模糊甚至是矛盾的现象，即治理机制并不必然同时与经理代理成本、股东代理成本负相关，又同时与公司绩效正相关。产生矛盾的主要原因是忽视了两类代理成本对公司绩效影响程度的判断。因此，需要将治理机制、代理成本、公司绩效置于统一的分析框架之中，基于两类代理成本对公司绩效影响程度的双重、一重一轻、一重等差异，为辨识治理机制效应明晰判断依据，同时为治理机制在抑制代理成本同时促进公司绩效提升提供内在逻辑一致的研究基础。

考虑产权异质性,两方学者在研究集团控制企业治理机制的效应时主要以私权为背景,国内相关文献则集中在国有控制或民营控制上,这两者具有明显的产权区分度,但将产权性质、集团控制、治理机制、代理成本、公司绩效置于统一分析框架下的文献尚不多见。

本章小结

本章主要通过文献回顾的方式对企业集团、企业集团控制上市公司、公司治理机制、公司治理机制效应等关键概念进行了梳理与界定,对涉及企业集团控制及其控制效应、公司内部治理机制及其效应、公司外部治理机制及其效应等主要相关文献进行了回顾与评述,这些大量丰富的经典文献,对企业集团控制上市公司治理机制效应的深入研究具有重要的借鉴意义。

第三章 理论基础与制度背景分析

第一节 理论基础

一、契约理论

由 Coase(1937)开创的企业理论被称为企业的契约理论,将企业看作一系列契约的联结,该理论的核心有三点:企业的契约性、契约的不完全性、由契约的不完全性导致的所有权的重要性(张维迎,1996)。从20 世纪 70 年代开始,企业的契约理论沿着两个分支发展:一是代理理论,二是交易成本理论。代理理论侧重于分析企业内部组织结构及企业成员之间的代理关系,交易成本理论的着眼点在于企业与市场的关系。这两种理论的共同点是都强调企业的契约性。

二、代理理论

代理理论把企业看作委托人和代理人之间的契约网络,股东是委托人,董事是代理人。代理人的行为是理性的(或有限理性),以自我利益为导向,因此,需要用制衡机制来对抗潜在的权利滥用,用激励机制来使董事和经理为股东谋利。

在理论史上,Jensen 等(1976)的理论被视为最具代表性的代理理论。他们将代理关系定义为一种契约关系:委托人授予代理人某些决策权,要求代理人提供有利于委托人的服务。代理成本包括:①委托人的监督支出;②代理人的保证支出;③剩余损失。其中,监督支出:外部股东为了监督管理者的过度消费或自我放松而耗费的支出。代理人的保证支出:代理人为了取得外部股东信任而发生的自我约束支出(如定期向委托人报告经营情况、聘请外部独立审计等)。剩余损失:由于委托人和代理人的利益不一致导致的其它损失。代理成本成为资本结构的决定因素。

代理理论通常分为规范和实证两类。一是规范代理理论又称标准委托—代理理论,侧重如何构造委托人和代理人之间的契约关系以对代理人在存在不确定性和不完全监控的情况下做出使委托人利益最大化的选择提供适当的激励。标准的委托—代理理论建立在两个基本假设上:委托人对随机的产出没有直接贡献;代理人的行为不易直接被委托人观察到。基于该两项假设,提出了两个基本观点:首先,在任何满足代理者参与约束及激励相容而使委托人预期效用最大化的激励合约中,代理人都必须承受风险;其次,如果代理人是一个风险中性者,那么,可以通过使代理人承受完全风险(使他成为唯一的剩余索取者)的办法以达到最优结果(张维迎,1995b)。二是实证代理理论,又称代理成本理论。该理论假定规范问题已经解决,并给定只有股票和债权可以作为索取权发行,然后研究影响表征企业经营者与外部股票和债券持有者之间关系均衡的合同形式的要素和各方面临的激励。

三、交易成本理论

威廉姆森(Williamson)的《市场与层级制:分析与反托拉斯含义》和

《资本主义经济制度》是交易成本理论的经典代表。交易成本理论以交易为研究对象,采用契约方法,比较、研究哪种经济组织、制度能最大限度地节约交易成本。经济组织的问题,是如何设计出能实现这种节约的合同和治理结构(费方域,1998)。

交易成本理论对契约人的行为假设体现在两个方面:第一,有限理性;第二,机会主义。与委托代理理论研究的是完全理性和机会主义的契约人相比较,交易成本理论研究的是有限理性和机会主义的契约人。

为了分析交易和治理结构进行有效率的搭配,将交易的主要维度描述为:资产专用性、不确定性和频率。进一步,按照交易频率,交易可分为三种,即一次性交易、偶尔进行的交易和重复发生的交易。按资产专用性程度,交易可分为三种,即非专用性交易、中等专用性交易和高度专用性交易。威廉姆森根据两种交易频率类型(排除一次性交易)和三种资产专用性程度,提出了治理结构必须与之匹配的六种交易类型。根据合同类型和治理交易的关系,古典合同对应市场治理,新古典合同涉及三边治理,关系合同则对应于双边或一体化的治理结构。于是,形成了从市场治理到一体化治理的连续结构区间,市场治理和一体化治理只是两个端点。

交易成本理论并没有引入产权分析,因此不能同时分析一体化的收益和成本,也不能分析不同的所有权结构对一体化总收益的影响(Hart et al.,1988)。

四、产权理论

企业的产权理论与企业的代理理论、企业的交易成本理论共同构成了较有影响力的三大现代企业理论。产权理论认为所有权规定了公司的边界,是控制公司的权利的基础。

根据"现代产权经济学之父"阿尔钦(Alchian)的定义,产权是一种通过社会强制而实现的对某种经济品的多种用途进行选择的权利。私有产权则是将这种权利分配给一个特定的人,他可以同附着在其他物品上的类似权利相交换(Alchian,1965)。更一般地,产权是人与人之间由于稀缺物品的存在而引起的、与其使用相关的关系,是抽象的社会关系(平乔维奇,2000)。所有权是产权一般概念中的一类。财产所有权与企业所有权不同,财产所有权指的是对给定财产的占有权、使用权、收益权和转让权,而企业所有权指的是对企业的剩余索取权和剩余控制权,财产所有权是交易的前提,企业所有权是交易的方式和结果(张维迎,1996)。考虑契约的完备程度,企业所有权又各有侧重。完全契约论将企业的剩余索取权视为所有权的核心。在完全契约情况下,契约双方的权利和义务在契约中清晰明确,因此,信息和信号的分布以及合同形式的设计是研究的重点。而不完全契约论将剩余控制权(权威)作为所有权的核心。在不完全契约中,对剩余控制权的配置影响事后重新谈判中双方的讨价还价能力,从而影响事前的激励,因此,控制权的配置是研究的核心。

与传统产权理论不涉及完全合约与不完全合约的区分不同,现代产权理论建立在不完全合约基础之上,进一步揭示了所有权的本质,认为所有权就是在合约对决策权没有规定的时间和地方实施剩余控制权的权利,和在合约履行之后取得剩余收益的权利(费方域,1998),并且剩余收益权依赖于剩余控制权,剩余控制权和剩余收益权均是状态依存的。

五、企业集团成因理论

关于企业集团的成因及演变,从经济学、政治学、社会学和管理学等多学科多角度有不同的解释,其中代表性观点主要有弥补市场失灵或制度空缺、实现经济赶超、强化政治联系和内化社会联结等。

(一)弥补市场失灵或制度空缺

Coase(1937)首先提出了"为什么存在企业?企业的边界是什么?"

的问题,并按照市场价格机制下交易成本的方法研究以权威为特征的企业存在的合理性。市场和企业是资源配置的两种可相互替代的手段。在市场上,资源的配置由非人格化的价格来调节,而在企业内部则通过权威来调节。企业之所以出现,是因为权威关系能大量减少需分散定价的交易数目,即用一个签约代替市场中的一系列合约。企业的边界为企业内部组织一笔额外交易的成本等于通过公开市场上完成同一笔交易的成本。交易成本的增加将缩小市场的范围而扩大企业规模。Cheung(1983)发展了科斯的理论,认为企业的出现是因为要素市场取代了产品市场。杨小凯等(1999)指出企业的出现是由于劳动分工下经济收益的增加超过交易成本的增加,并且企业的交易效率随所有权结构不同而变化。交易成本的增加将同时减少市场的交易及企业形态的交易。将资源配置选择在市场和企业之间,扩大到在自给经济、市场和企业之间。

Williamson(1996)更关注企业究竟应该多大,他将资产专用性及其相关的机会主义作为决定交易费用的主要因素,认为纵向一体化可用以替换现货市场。同样的逻辑,M形结构组织是资本主义创新的产物,突破了市场和企业之间存在的明显的局限,是有市场的组织和有组织的市场,把原本归于资本市场的职能转移给企业,从而缓解了资本市场的失灵,其以内部组织替代资本市场的直接效应是有益的,其改善资本市场控制效率的间接效应也是有益的。

在欠发达国家,企业集团组织结构是应对市场失灵的一种制度创新,是一种应对要素、风险和中间产品市场无效的企业间机制(Leff,1978)。首先,企业集团被看作通过稀缺和不完全市场化投入而获得准租金的组织结构。这些不完全市场化投入包括资本、诚实可靠的高水平经理人员和源自投资和产品决策相关集团活动的信息。其次,在欠发达国家,缺乏应对风险和不确定性的市场机制。企业集团通过前向或后向垂直整合可以减弱风险和不确定性,同时减少交易成本。

Khanna等(2000,2001,2005,2007)的一系列研究进一步发展了新兴市场企业集团对外部市场具有制度弥补或替代功能的观点。第一，在产品市场，企业集团成员能够迅速获得集团品牌效应。第二，通过内部资本市场协同效应，可以有效缓解企业集团成员企业的融资约束。第三，企业集团便于内部培养高素质的管理人才，并实现内部劳动力市场的流通，从而缓解外部劳动力市场的无效性。

（二）实现经济赶超

赶超经济体在工业化的早期都普遍面临着储蓄不足导致的资本稀缺问题，如 20 世纪 60 年代的韩国、80 年代的中国等。在有限的资本资源可供获得的情况下，将有限的资本集中到少数大企业，通过促进少数大企业的发展来带动整体经济增长，这成为政府制定经济政策的理性选择。于是，企业集团成为引领经济增长的组织基础。同时，本国企业集团的壮大和发展使得外国企业的市场渗入变得困难，部分实现了保护民族经济增长的功能。企业集团的经济赶超观成为与市场失灵观不同的企业集团成因解释（Lee et al.，2002）。在政府自上而下地支持大企业集团发展的过程中，也自下而上地出现了大量的小型企业集团，包括大量民营企业集团。

企业集团通过内部资本市场，将资本配置到新成员企业，并通过向新成员企业提供市场、资本、技术和品牌帮助，便利新成员企业进入市场。新企业集团成员初期的损失由整个集团分担的现象在韩国十分普遍。例如韩国三星集团的芯片公司在成立早期产生了巨大的亏损，但后来成为三星集团最大的"现金牛"。这种集团集体赶超战略在高技术行业由于学习曲线的累积效应而变得极其有效。对内部资本市场中资本配置到亏损或低效成员企业的交叉补贴现象，集团赶超战略给出了相反的解释，认为这不是无效的资本配置行为，而是集团整体层次的市场进入战略，从长远和动态的视角，是有效的资本配置行为。

（三）强化政治联系

企业集团的政治联系观是基于政治学的解释，一方面，政府将企业集团看作实现其政治目的的手段和工具;另一方面,企业集团通过政治联系,可以获得市场准入、优惠政策等资源,尤其在新兴经济体,政治联系本身也被视作一种资源。

另外,与独立企业相比,在欠发达国家,企业集团能够出价更高以获得政治联系(Leff,1964),政治联系使得企业集团便于获得政府配置资源特权,例如进口许可、银行许可、税收优惠和投资信用等。

新兴市场的企业集团往往但不完全是在政府支持下形成的(Khanna et al.,2007)。即使是起源于家族控制公司的企业集团,也几乎都与政府保持着紧密的联结。但随着企业集团自身的演化以及国家制度的完善,企业集团和政府的关系变得越来越复杂,政治联系的负面作用也日益凸显。

(四)内化社会联结

科斯及随后的威廉姆森等从交易费用、产权等经济视角分析了为何存在企业、为何出现了一体化组织结构及企业集团。然而企业集团的种类是如此多样,单一分类过于草率,还需要从其他视角进行分析。企业集团的社会联结观,是基于社会学的解释。该观点认为企业集团是一种社会网络关系,通过企业集团各自自身特有的价值规范和行为法则应对环境的变化和加强对附属企业的有效控制(蓝海林,2004)。Leff(1978)指出企业集团成员企业是建立在相似的个人、种族或共同的背景基础上的个体信任关系的联结。Granovetter(1995)进一步指出企业集团成员企业之间存在的社会连带关系和社会结构是区分企业集团的标志。企业集团的联结轴可以分为五类,包括区域、政党、种族、血缘(或亲属关系)和宗教等。

根据上述企业集团的相关理论,在新兴经济体的特定阶段,企业集团促进了或正在促进经济的发展。但是,企业集团组织结构的演变及其作用发挥是动态的、历史的(Khanna et al.,2000;Lee,2006)。随着经济水平的提升、制度的演进和日趋完善、整体政治经济环境的改善,企业集团组织结构形式的积极作用和消极作用之间的力量对比也在发生变化。企业集团可能引发公共政策问题(Williamson,1996),主要包括:企业集团极有可能参与反竞争性活动,它们常常因互惠交易和掠夺型交叉补贴而被起诉;企业集团合并可能会削弱潜在市场竞争威胁,助长企业集团之间的相互依赖,从而破坏竞争;特大型企业集团可能会引发社会问题和政治问题。

随着制度的不断完善和市场的日趋成熟,企业集团的制度补缺和经济赶超结构设置带来的价值创造有下降趋向,甚至成为经济效率提升的阻碍。企业集团一般采用交叉持股、二元股份结构和金字塔股权结构的形式,其中,家族控股企业集团多采用CMS(controlling minority structure)形式,这会导致严重的代理问题,通过非效率投资导致价值破坏。另外,企业集团作为既得利益者,通过扭曲和操纵市场自由化、放松管制和开放,使政府政策难以出台或生效,阻碍了竞争性市场经济的发展(Lee,2006)。这也部分说明了为何美国和英国的企业集团较少,而联合型大企业较多。

第二节　制度背景

一、我国企业集团发展历程

我国企业集团的发展历程内生于经济体制改革进程,其中民营企业集团是经济体制改革的非预期结果(覃忠,2009)。从计划经济到有计划的商品经济,再到社会主义市场经济,在这一转轨过程中,我国企业集团与其他新兴经济体企业集团有相似的地方,例如填补了制度空缺,实现了经济赶超等。但我国企业集团的形成和演变过程也有其独特性:第一,相比非国有企业集团,国有企业集团在国民经济中占有较大比重。在我国政府体制改革和财政分权改革的过程中,国有企业集团进一步分为中央企业集团和地方企业集团。第二,我国企业集团存在多元化现象,但总体上还是以核心产业为主。第三,经过40多年的改革进程,我国的经济、社会、制度环境已经发生了巨大变化,期初借鉴日本和韩国企业集团的功能定位也在发生变化,在韩国企业集团中出现的严重代理问题、填补制度空缺功能式微、成为既得利益阶层而缺乏改革动力等现象,也在我国企业集团尤其是国有企业集团中逐渐显现。第四,通过国有企业集团组织结构来明晰产权,纠正国有企业所有者缺位的结构设置,并没有缓解严重的双重代理问题。

随着国有企业改革的不断深化,我国企业集团也在不断演化。对我国企业集团的发展历程,众多学者从不同的角度有不同的划分,从时间轴和制度演变来看,主要包括以下几个阶段。

（一）横向联合阶段（1979—1986 年）

1978 年以前,在计划经济体制下,企业按照行政隶属关系划分,大而全、小而全制约了企业效率。之后,为了搞活企业,国有企业效仿日本的企业集团,以经济技术的内在联系为纽带,出现了横向经济联合现象。随着国务院《关于推动经济联合的暂行规定》（1980 年）的发布,横向经济联合体大量出现,成为企业集团的早期形态。但是横向经济联合体的联结纽带不牢固,隶属关系不清晰,权责不明确,导致大量横向经济联合体最终解散。总结发展横向经济联合体过程中出现的问题和经验,1986 年,国务院颁布了《关于进一步推动横向经济联合若干问题的规定》,规范和促进了横向经济联合体的有序发展。

（二）创建阶段（1987—1990 年）

横向经济联合体的规模不断扩大,竞争逐渐加剧,但层次结构尚不明显,在此基础上,1987 年,国务院《关于大型工业联营企业在国家计划中实行单列的暂行规定》和《关于组建和发展企业集团的基点意见》的先后出台,为企业集团的发展奠定了政策基础。在横向经济联合体的不断实践下和相关政策的不断推动下,全国范围内组建了大量的企业集团,同时也出现了非国有性质的企业集团。但是理论界和政府相关部门对企业集团的本质并没有形成统一的认识,1989年,国家体改委印发《企业集团组织与管理座谈会纪要》,明确了企业集团的基本特征:企业集团公司与紧密层、半紧密层集团成员企业以产权关系为主要联结纽带。

(三)发展阶段(1991—1993年)

1991年12月14日,国务院下发《国务院批转国家计委、国家体改委、国务院生产办公室关于选择一批大型企业集团进行试点请示的通知》(国发〔1991〕71号),对组建企业集团的条件、要求、目的、原则以及试点政策进行了明确规定,首批选择了57家企业集团进行试点,并给予政策优惠,标志着我国企业集团正式进入发展阶段。

1993年11月,党的十四届三中全会通过了《中共中央关于建立社会主义市场经济体制若干问题的决定》,指出要发展一批以公有制为主体,以产权联结为主要纽带的跨地区、跨行业的大型企业集团,发挥其在促进结构调整,提高规模效益,加快新技术、新产业开发,增强国际竞争能力等方面的重要作用,为企业集团的发展指明了方向。

(四)规范阶段(1994—1997年)

1993年《中华人民共和国公司法》(以下简称《公司法》)颁布后,我国企业集团建设的主要内容转向按照《公司法》改建和规范企业集团的试点。从1994年起,国有企业改革从以往的放权让利、政策调整进入转换机制、制度创新阶段。1995年,国有企业改革成为整个经济体制改革的重点,国家推出"抓大放小"政策,组建了一批具有国际竞争力的大企业集团,并扩大了企业集团试点的范围。1997年,国务院批准国家计委、国家经贸委、国家体改委《关于深化大型企业集团试点工作的意见》,要求按照建立现代企业制度和搞好整个国有经济的要求,重点抓好一批大型企业集团,建立以资本为主要联结纽带的母子公司体制,连结和带动一批企业的改组和发展,促进结构调整,形成规模经济,提高国有资产的营运效率和效益,积极发挥大企业集团在国民经济中的骨干作用。第二批企业集团试点单位扩大到 63 家。1997 年 12 月,党的十五大报告指出:"以资本为纽带,通过市场形成具有较强竞争力的跨地区、跨行业、跨所有制和跨国经营的大企业集团。"

(五)壮大阶段(1998—2014 年)

1998 年,为消除政企不分的组织基础,我国开始推行政府机构改革,改革后除国务院办公厅外,国务院组成部门由原有的 40 个减少到 29 个,中央国有企业集团直接由国务院直接监管。

2001 年,国务院转发国家经贸委等八部委《关于发展具有国际竞争力的大型企业集团的指导意见》,明确提出要努力发展一批技术创新能力强、主业突出、拥有知名品牌和自主知识产权、市场开拓能力强、经营管理能力强、具有持续盈利能力和抗御风险能力的大公司和大企业集团。随后,我国加入 WTO。自 2003 年开始,我国新成立的各级国有资产监督管理机构开始着力推进国有经济布局优化和结构调整,培育具有国际竞争力的大企业、大集团。

2005 年,《国务院关于鼓励支持和引导个体私营等非公有制经济发展的若干意见》(国发〔2005〕3 号,即"非公经济 36 条"),出台其中第二十九条指出:"国家支持有条件的非公有制企业通过兼并、收购、联合等方式,进一步壮大实力,发展成为主业突出、市场竞争力强的大公司大集团,有条件的可向跨国公司发展。"首次突出对发展民营企业集团的支持。

2006 年,国务院转发国资委《关于推进国有资本调整和国有企业重组指导意见的通知》,提出加快国有大型企业的调整和重组,促进企业资源优化配置。依法推进国有企业强强联合,培育一批具有国际竞争力的特大型企业集团。

2008 年,在新一轮企业重组和产业结构调整过程中,将做大做强企业集团作为重要目标。2009 年,工业和信息化部颁发《促进中部地区原材料工业结构调整和优化升级方案》,在"调整目标"的第一条指出:"兼并重组取得重大进展。有色金属企业兼并重组取得新突破,重点培育1—2家具有国际竞争力、5—8家在国内领先的大型企业集团;钢铁冶炼企业数量得到较大幅度压缩,培育1家具有国际竞争力、2—3家在国内有较强竞争力的钢铁企业集团;建材企业跨地区兼并重组取得新进展,培育1家具有国际竞争力的综合性建材企业集团,初步形成8家以上年产能超千万吨的区域性水泥企业集团;化工行业兼并重组取得积极成效,年销售收入超百亿企业达到10家以上。"

2010 年,国务院印发《国务院关于促进企业兼并重组的意见》(国发〔2010〕27 号),在"主要目标"中指出:"进一步贯彻落实重点产业调整和振兴规划,做强做大优势企业。以汽车、钢铁、水泥、机械制造、电解铝、稀土等行业为重点,推动优势企业实施强强联合、跨地区兼并重组、境外并购和投资合作,提高产业集中度,促进规模化、集约化经营,加快发展具有自主知识产权和知名品牌的骨干企业,培养一批具有国际竞争力的大型企业集团,推动产业结构优化升级。"

2010 年,国务院颁发《国务院关于鼓励和引导民间投资健康发展的若干意见》(国发〔2010〕13 号,即"新36条"),其中第二十一条指出:"支持有条件的民营企业通过联合重组等方式做大做强,发展成为特色突出、市场竞争力强的集团化公司。"

2013 年,工业和信息化部等12 部委联合发布《关于加快推进重点行业企业兼并重组的指导意见》(工信部联产业〔2013〕16 号),指出:"推进企业兼并重组是推动工业转型升级、加快转变发展方式的重要举措,是提升我国经济国际竞争力、进一步完善社会主义基本经济制度的必然选择,有利于提高资源配置效率,调整优化产业结构,培育发展具有国际竞争力的大企业大集团。"

(六)高质量发展阶段(2015 年至今)

2015 年,国务院国资委、财政部、发改委发布《关于国有企业功能界定与分类的指导意见》,立足国有资本的战略定位和发展目标,结合不同国有企业在经济社会发展中的作用、现状和需要,根据主营业务和核心业务范围,将国有企业界定为商业类和公益类。商业类国有企业以增强国有经济活力、放大国有资本功能、实现国有资产保值增值为主要目标,按照市场化要求实行商业化运作,依法独立自主开展生产经营活动,实现优胜劣汰、有序进退。其中,主业处于关系国家安全、国民经济命脉的重要行业和关键领域、主要承担重大专项任务的商业类国有企业,要以保障国家安全和国民经济运行为目标,重点发展前瞻性战略性产业,实现经济效益、社会效益与安全效益的有机统一。公益类国有企业以保障民生、服务社会、提供公共产品和服务为主要目标,必要的产品或服务价格可以由政府调控;要积极引入市场机制,不断提高公共服务效率和能力。

2016 年,财政部、科技部、国务院国资委联合印发《国有科技型企业股权和分红激励暂行办法》(财资〔2016〕4 号),极大地激发了广大技术和管理人员的积极性和创造性,促进了国有科技型企业健康可持续发展。

2016 年,为全面贯彻党的十八大和十八届三中、四中、五中全会精神,落实"四个全面"战略布局和创新、协调、绿色、开放、共享的新发展理念,根据《中共中央国务院关于深化国有企业改革的指导意见》发布了《关于国有控股混合所有制企业开展员工持股试点的意见》。指出试点企业必须满足四个条件:一是主业处于充分竞争行业和领域的商业类企业。二是股权结构合理,非公有资本股东所持股份应达到一定比例,公司董事会中有非公有资本股东推荐的董事。三是公司治理结构健全,建立市场化的劳动人事分配制度和业绩考核评价体系,形成管理人员能上能下、员工能进能出、收入能增能减的市场化机制。四是营业收入和利润 90%以上来源于所在企业集团外部市场。特别强调规范关联交易:"国有企业不得以任何形式向本企业集团内的员工持股企业输送利益。国有企业购买本企业集团内员工持股企业的产品和服务,或者向员工持股企业提供设备、场地、技术、劳务、服务等,应采用市场化方式,做到价格公允、交易公平。有关关联交易应由一级企业以适当方式定期公开,并列入企业负责人经济责任审计和财务审计内容。"

2018年,国务院国资委发布《中央企业合规管理指引(试行)》,"总则"第一条指出,中央企业合规管理的基本目标是推动中央企业全面加强合规管理,加快提升依法合规经营管理水平,着力打造法治央企,保障企业持续健康发展。

2019年,国务院国资委发布《中央企业混合所有制改革操作指引》,深入贯彻落实党中央、国务院关于积极发展混合所有制经济的决策部署,稳妥有序推进中央企业混合所有制改革,促进各种所有制资本取长补短、相互促进、共同发展,夯实社会主义基本经济制度的微观基础。该指引指出:"中央企业所属各级子企业通过产权转让、增资扩股、首发上市(IPO)、上市公司资产重组等方式,引入非公有资本、集体资本实施混合所有制改革。"

2019年,国务院国资委发布《关于加强中央企业内部控制体系建设与监督工作的实施意见》,指出要建立健全内控体系,强化集团管控。指出要进一步完善企业内部管控体制机制,中央企业主要领导人员是内控体系监管工作第一责任人,负责组织领导建立健全覆盖各业务领域、部门、岗位,涵盖各级子企业全面有效的内控体系。中央企业应明确专门职能部门或机构统筹内控体系工作职责;落实各业务部门内控体系有效运行责任;企业审计部门要加强内控体系监督检查工作,准确揭示风险隐患和内控缺陷,进一步发挥查错纠弊作用,促进企业不断优化内控体系。

2020年,国务院国资委发布《中央企业控股上市公司实施股权激励工作指引》,用于指导中央企业、上市公司国有控股股东依法履行出资人职责,按照本指引及相关规定指导上市公司科学制定股权激励计划、规范履行决策程序,做好股权激励计划的实施管理工作。

1979—2021年,我国企业集团相关制度演变详见表3.1。

表 3.1　我国企业集团相关制度演变（1979—2021 年）

年份	政策	颁布者
1979	在京、津、沪选择了八个大企业进行扩权试点	国家经济委员会等
1979	《关于扩大国营工业企业经营管理自主权的若干规定》《关于国营企业实行利润留成的规定》	国务院
1980	《国务院关于推动经济联合的暂行规定》	国务院
1981	《关于实行工业生产经济责任制若干问题的意见》	国务院
1986	《国务院关于进一步推动横向经济联合若干问题的规定》	国务院
1987	《国务院批转国家计委〈关于大型工业联营企业在国家计划中实行单列的暂行规定〉的通知》《关于组建和发展企业集团的几点意见》	国务院
1989	《企业集团组织与管理座谈会纪要》	国家体改委
1991	《国务院批转国家计委、国家体改委、国务院生产办公室关于选择一批大型企业集团进行试点请示的通知》	国务院
1992	《全民所有制工业企业转换经营机制条例》	国务院
1993	《中共中央关于建立社会主义市场经济体制若干问题的决定》	党的十四届三中全会
1993	《中华人民共和国公司法》	全国人大
1994	选择 100 家国有大中型企业进行现代企业制度的试点	国务院
1997	《国务院批转国家计委、国家经贸委、国家体改委关于深化大型企业集团试点工作意见的通知》	国务院
1998	《国务院稽察特派员条例》	国务院
1998	《中共中央、国务院关于切实做好国有企业下岗职工基本生活保障和再就业工作的通知》	中共中央、国务院
1998	《企业集团登记管理暂行规定》	国家工商行政管理局
2000	《企业集团财务公司管理办法》	中国银保监会
2000	《国有大中型企业建立现代企业制度和加强管理的基本规范》	国务院

续表

年份	政策	颁布者
2000	《中共中央关于国有企业改革和发展若干重大问题的决定》	党的十五届四中全会
2000	选择建立现代企业制度试点企业共 2700 家，实行公司制改革	国务院及各地方政府
2001	《国务院转发国家经贸委等部门关于发展具有国际竞争力的大型企业集团指导意见的通知》	国务院
2002	《关于进一步推进国有企业分离办社会职能工作的意见》	国家经贸委等 6 部委
2002	《关于国有大中型企业主辅分离辅业改制分流安置富余人员的实施办法》	国家经贸委等 8 部委
2002	《关于向外商转让上市公司国有股和法人股有关问题的通知》	国家经贸委、财政部、国家工商总局、国家外汇管理局
2002	《利用外资改组国有企业暂行规定》《关于向外商转让上市公司国有股和法人股有关问题的通知》	证监会、财政部 、国家经贸委
2002	《合格境外机构投资者境内证券投资管理暂行办法》	证监会、中国人民银行
2003	《企业国有资产监督管理暂行条例》《关于规范国有企业改制工作的意见》《企业国有产权转让管理暂行办法》	国务院
2005	《中国银行业监督管理委员会统计现场检查规程》、《申请设立企业集团财务公司操作规程指引》	银监会
2005	《国务院关于鼓励支持和引导个体私营等非公有制经济发展的若干意见》	国务院
2006	《国务院办公厅转发国资委关于推进国有资本调整和国有企业重组指导意见的通知》	国务院
2006	《中国银行业监督管理委员会关于修改〈企业集团财务公司管理办法〉的决定》	银监会
2009	《工业和信息化部关于印发〈促进中部地区原材料工业结构调整和优化升级方案〉的通知》	工业和信息化部
2010	《国务院关于鼓励和引导民间投资健康发展的若干意见》	国务院

续表

年份	政策	颁布者
2010	《国务院关于促进企业兼并重组的意见》	国务院
2013	《关于加快推进重点行业企业兼并重组的指导意见》	工业和信息化部等12部委
2015	《关于国有企业功能界定与分类的指导意见》	国务院国资委、财政部、发改委
2016	《国有科技型企业股权和分红激励暂行办法》	财政部、科技部、国资委
2016	《国资委关于印发〈关于国有控股混合所有制企业开展员工持股试点意见〉的通知》	国资委
2018	《国资委关于印发〈中央企业合规管理指引（试行）〉的通知》	国务院国资委
2019	《中央企业混合所有制改革操作指引》	国务院国资委
2019	《关于印发〈关于加强中央企业内部控制体系建设与监督工作的实施意见〉的通知》	国务院国资委
2020	《中央企业控股上市公司实施股权激励工作指引》	国务院国资委
2021	《国资委履行出资人职责的多元投资主体公司利润分配管理暂行办法》	国务院国资委

资料来源:根据蓝海林(2004)、盛毅(2010)、政府网站文件进行整理。

综上,我国企业集团尤其是国有企业集团的演变伴随着经济布局、产业结构调整和竞争力提升等,展现出了以下特征:从"横向联合"到"纵向兼并"和"混合兼并";从"以强扶弱"为主到"强强联合";从政府行政力量主导向市场力量主导转变;产业资本和金融资本相互渗透;从追求规模效应和范围经济转向追求核心竞争力;国际化步伐加快。企业集团是我国解决市场失灵、所有者缺位和实现经济跨越式发展的制度安排(于换军,2020)。

二、企业集团及集团成员企业形成路径

我国企业集团起源不同,并且沿着不同的路径演化(见图3.1),主要的形成路径有:剥离、合资、兼并和收购(Hahn et al.,2006)。其中,通过剥离建立子公司是形成国有企业集团最常见的路径。

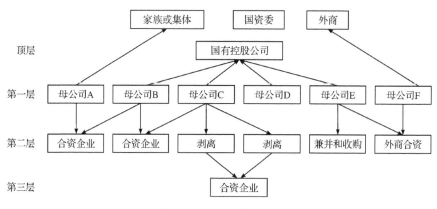

图 3.1 企业集团化路径

路径1:第一层的母公司通过剥离形成子公司,母公司一般对剥离出来的子公司100%控股。企业有时通过剥离转化成控股公司的形式,可以提升效率和更好地适应市场竞争。但是在计划经济向市场经济转轨时期,考虑到就业问题,企业尤其是国有企业从非营利经营业务中退出变得十分困难。通过设立子公司的方式,可以解决雇员冗余和退休职工安置问题。常见的形式是从母公司剥离出优质资产进行重组或上市,将不良债权、非优质资产和富余人员留在母公司,但这又为企业集团母子公司治理留下了隐患。

路径2:第一层的两个以上的母公司投资形成第二层的子公司,即合资企业。根据第二层合资企业来源于第一层投资母公司的不同,又有不同形式:国有企业之间合资,如母公司 B 和母公司 C 合资;国有企业和民营企业合资,如母公司 A 和母公司 B 合资,2009 年山东钢铁集

团和日照钢铁集团的合资重组是典型的代表;国有企业和外商企业合资,如母公司 E 和母公司 F 合资;除此之外,也有民营企业和外商企业合资的形式。

路径3:第二层的企业之间合资形成第三层的子公司,与第二层剥离方式不同的是,第三层形成的合资子公司更有自发合资动机。通过合资设立子公司的形式,尤其是和外资企业的合资,可以快速集中资本,共享品牌,引进先进的管理经验和技术。即使子公司由母公司100％控股,新的独立法人身份依然有助于减少政府部门的干预,给予员工更大的激励,从而提升子公司自身的透明度和效率。

路径4:政府主导下的兼并和收购,特别是绩优国有企业对亏损型国有企业的兼并和收购。

路径5:由先前的行业性政府管理部门转变成为国有资产控股公司或国有资产经营公司。

国有企业通过剥离、合资、兼并和收购等路径形成企业集团,产生积极效应的同时,也有一定的负面效应。企业有时设立子公司不是为了创造价值,而是为了让企业的经营变得更不透明。企业集团有时非法进行母子公司之间或子公司之间的资源或利润转移,通过掏空、偷税漏税、债务减免和股利操纵等形式,使国有资产受损。企业集团的成立使得国有产权缺位问题从形式上得到解决,但是母子公司经理层并没有剩余索取权,所有权缺位的问题没有得到根本解决,加上国企改革给予经理层更大的自主权,企业集团层级的不断增多,使得企业集团中经理代理问题日益严重。

三、证券发行制度

由于政治体制、经济体制、制度环境、社会文化和历史背景不同,世界各国的证券发行制度变迁路径不尽相同,概括起来主要有三种证券发行制度模式,即审批制、核准制和注册制。从计划经济体制向市场经济体制转轨过程中,源于国企改革的需要,我国证券发行制度经历了由审批制到核准制,再到注册制的制度演变,具体包括以下阶段。

(一)审批制——独家审批阶段(1984—1992 年)

在转轨初期,中国人民银行(以下简称央行)是证券发行的审批部门,发行规模源于国家投资和信贷规模。1984 年 11 月 14 日,中国人民银行上海市分行正式批复同意发行"飞乐音响"股票。成为新中国第一家向社会公开发行股票的股份制企业。1986 年 9 月 26 日,"飞乐音响"股票在中国工商银行上海分行信托投资公司静安证券业务部上市,这是新中国第一个证券交易部。1990 年 12 月 19 日,"飞乐音响"股票转至上海证券交易所首批上市交易。

1992 年,国务院发布《关于进一步加强证券市场宏观调控管理的通知》,证券发行的审批权由央行划归中国证监会。

(二)审批制——两级审批阶段(1993—2000 年)

1.额度制阶段(1993—1995 年)

1993 年,国务院发布《股票发行与交易管理暂行条例》,其中第十二条指出,申请人按照隶属关系,分别向地方政府或者中央企业主管部门提出公开发行股票的申请;在国家下达的发行规模内,地方政府对地方企业的发行申请进行审批,中央企业主管部门在与申请人所在地地方政府协商后对中央企业的发行申请进行审批;地方政府、中央企业主管部门应当自收到发行申请之日起三十个工作日内作出审批决定,并抄报证券委;被批准的发行申请,送证监会复审;证监会应当自收到复审申请之日起二十个工作日内出具复审意见书,并将复审意见书抄报证券委;经证监会复审同意的,申请人应当向证券交易所上市委员会提申请,经上市委员会同意接受上市,方可发行股票。

在额度制下,受限于"规模控制、划分额度",地方企业和中央企业在股票发行中占绝对主导地位,其他市场主体作用相对较小。

2.指标制阶段(1996—2000 年)

1996 年,中国证监会发布《关于股票发行工作若干规定的通知》,

通知指出:"1996 年新股发行采取'总量控制、限报家数'的管理办法。各地、各部门在执行 1996 年度新股发行计划中,要优先考虑国家确定的 1000 家特别是其中的 300 家重点企业,以及 100 家全国现代企业制度试点企业和 56 家试点企业集团。"根据"总量控制,限报家数",由证监会确定并将发行上市的企业指标分配给省级政府和行业管理部门,由其在指标内推荐预选企业,并最终报证监会审核发行。

在审批制下,政府掌握着企业上市发行的审批权,由于政府与国有企业的天然联系,政府必然将额度分配给其管辖下的国有企业。因此,我国绝大多数上市公司皆由国企改制而来。

审批制弊端很多,从企业的选择到发行上市,整个过程透明度不高,极易形成寻租与设租,市场调节作用难以实现,资源配置功能受到很大制约,尤其是大批劣质公司的上市更是严重损害了广大投资者的利益。

(三)核准制——通道制阶段(2001—2003 年)

2001 年 3 月,中国证监会发布《上市公司新股发行管理办法》,正式实施核准制。核准制是指发行人在发行股票时,只要符合《证券法》和《公司法》的要求即可申请上市,不再需要各级政府批准。核准制在具体操作中是通过通道制度来完成的,即向各综合类券商下达可推荐 IPO 企业家数,主承销商据此可获得 2—8 个不等的通道数。通道制下,股票发行"名额有限"的特点未变,但通道制改由主承销商代替行政机制遴选和推荐发行人。

(四)核准制——保荐制阶段(2004—2014 年)

2003 年 12 月 28 日,中国证监会发布《证券发行上市保荐制度暂行办法》,并于 2004 年 2 月 1 日起正式施行。由保荐人(券商)负责发行人的上市推荐和辅导,核实公司发行文件与上市文件中所载资料是否真实、准确、完整,协助发行人建立严格的信息披露制度,并承担风险防范责任。保荐机构及其保荐代表人履行保荐职责,但也不能减轻或者免除发行人及其高管人员、中介机构及其签名人员的责任。随着 2004 年 5 月第一批保荐机构和保荐代表人的公布,证券保荐制度正式在我国推行。2005 年 10 月 27 日颁布,2006 年 1 月 1 日实施新《证券法》。2006 年 5 月,中国证监会发布《上市公司证券发行管理办法》。进一步确定了我国发行上市阶段对保荐人的要求,并授权国务院证券监督管理机构对保荐制度进行管理。2008 年 8 月 14 日,中国证券会颁发《证券发行上市保荐业务管理办法》,并于 2008 年 12 月 1 日实施,它对先前 2003 年实施的保荐制度进行了完善。

保荐制主要存在保荐人资格认证制度不科学、责任界定不清晰、缺乏保荐人责任保险等制度弊端,随着中国证券市场制度的不断完善、信息披露的日渐透明、政府干预证券发行的退出,发展方向将由保荐制转向注册制。

(五)注册制(2015 年至今)

证券发行注册制是指证券发行申请人依法将与证券发行有关的一切信息和资料公开,制成法律文件,送交主管机构审查,主管机构只负责审查发行申请人提供的信息和资料是否履行了信息披露义务的一种制度。其最重要的是,在注册制下,证券发行审核机构只对注册文件进行形式审查,不进行实质判断,投资者依据披露信息自行做出投资决策。美国和日本等资本市场比较发达的国家都采用了注册制。

2015 年 12 月 9 日,国务院常务会议通过了提请全国人大常委会授权国务院在实施股票发行注册制改革中调整适用《中华人民共和国证券法》有关规定的决定草案,草案明确在决定施行之日起两年内,授权对拟在上海证券交易所、深圳证券交易所上市交易的股票公开发行实行注册制度。12 月 27 日,国务院实施股票发行注册制改革的举措获得全国人大常委会两年授权,2016 年 3 月起施行。在此之后,上海证券交易所设立科创板并试点注册制。

2019年12月28日,十三届全国人大常委会第十五次会议审议通过了修订后的《中华人民共和国证券法》,并于2020年3月1日起施行,从此,全面推行证券发行注册制度。

从我国证券发行制度演变的轨迹可以看出,国有企业在上市公司中占绝大多数,这是由证券发行制度的特殊背景决定的。证券市场成立的初衷是作为国有企业改制和筹资的手段,而国有上市企业又源于剥离、合资、兼并和收购等重组路径,导致我国上市公司对这三种改制模式存在严重的路径依赖(郝颖等,2009)。这两个因素的综合,产生了我国上市公司的两大特征:第一,绝大多数上市公司由企业集团控制(比例为75.3%,见第四章表4.3),即绝大多数上市公司附属于企业集团。第二,绝大多数上市公司由政府控制(比例为64.08%,见第四章表4.3),即国有上市公司占据绝对比例。近年来,随着证券发行市场化程度的逐步提高,以及"国退民进"政策的渐进实施,民营控股上市公司日益增多(比例为21.95%,见第四章表4.3)。最终在证券市场上形成了国有与民营共存的集团控制上市公司产权分布格局,如图3.2所示。

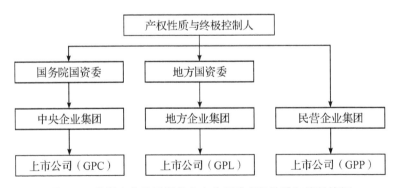

图 3.2　我国企业集团所控上市公司的产权性质和控制特征

本章小结

　　本章是第五章、第六章、第七章展开的理论根基和现实基础。第一,理论基础。代理理论、交易成本理论、产权理论等基础理论是理解公司治理机制的钥匙。在代理理论、交易成本理论、产权理论的基础上,企业集团成因理论则进一步有助于理解现实世界尤其是新兴市场为何大量存在企业集团。第二,制度背景分析。我国资本市场中的上市公司主要表现出两大特征:一是大量上市公司被企业集团控制;二是大量上市公司被政府控制。第一个特征与企业集团组织形式相关,第二个特征则与国企产权改革相关。两者共同内生于我国企业集团形成发展路径和证券市场发行制度。

第四章　实证研究方案设计

第一节　样本选择与数据来源

本章选取 2007—2011 年沪深 A 股上市公司面板数据为样本[①]，样本筛选过程具体如下。

第一，以全部沪深 A 股上市公司为基础，把 2007 年作为初始样本选择的起点，在 CSMAR 中剔除金融类、ST 类公司（仅剔除截止数据处理日处于 ST 状态的公司），产生样本检索索引 1。

第二，根据 CSMAR 中的特别处理与特别转让股票研究数据库，检索 2007 年 12 月 31 日—2011 年 12 月 31 日的 ST 公司或曾经被 ST 的公司。[②] 根据 CSMAR 中的首次公开发行数据库，检索 2007 年 12 月 31 日后上市的公司。从第一步形成的样本检索索引 1 中剔除这两类公司，产生样本检索索引 2。

---

① 由于 2006 年颁布了新会计准则，自 2007 年 1 月 1 日起执行，为了保持数据之间更好的可比性，样本选择期间为 2007 年至 2011 年共 5 年数据。

② CSMAR 特别处理与特别转让股票研究数据库交易情况变动类型：AB 代表从正常交易到 ST；AD 代表从正常到 *ST；BA 代表从 ST 到正常；BC 代表从 ST 到 PT；BD 代表从 ST 到 *ST；BX 代表从 ST 到退市；CA 代表从 PT 到正常；CB 代表从 PT 到 ST；CX 代表从 PT 到退市；DA 代表从 *ST 到正常交易；DB 代表从 *ST 到 ST；DX 代表从 *ST 到退市；AX 代表从正常到退市。*ST 表示退市风险警示。

第三,在 CSMAR 中的股东研究数据库中,根据第二步形成的样本检索索引 2,检索样本公司 2007 年 12 月 31 日—2011 年 12 月 31 日实际控制人数据,剔除实际控制人不存在的公司,剔除由于被吸收合并或其他原因退市的公司,形成最终样本检索索引 3,共计 1182 家上市公司,共 5910 个观测值。

根据样本检索索引 3,针对研究设计中所需要的会计数据、公司治理数据和其他相关数据,在以下数据库中检索和整理:CSMAR 数据库中的中国上市公司财务报表数据库、中国上市公司财务报表附注数据库、中国上市公司财务指标分析数据库、中国上市公司财务报告审计意见数据库、中国上市公司首次公开发行研究数据库、中国上市公司股东研究数据库、中国上市公司治理结构研究数据库、中国上市公司关联交易数据库、特别处理与特别转让股票研究数据库,以及锐思(RESSET)金融研究数据库。根据上海证券交易所网站和深圳证券交易所网站所披露的年度报告,对其中的部分数据进行了核对和更正。投资者法律保护指数来源于《中国市场化指数:各地区市场化相对进程 2011 年报告》(樊纲等,2011)。此外,还对样本进行了 1% 的缩尾处理以减轻离群值的影响。实证研究结果通过 Excel、Stata15.0 和 Eviews9.0 等软件计算实现。

第二节　模型构建

一、因变量

根据《上市公司治理准则》,我国上市公司的治理结构与治理机制是一致的。但由于上市公司终极控股股东的性质不同,控股股东组织结构形式不同,上市公司治理机制的效应难免存在差异。公司治理机制的效应是治理机制导致的后果,但考虑到内生性,公司治理机制的效应也可能是调整治理机制的起因。由于在处理公司治理机制及其效应的内生性时无法选择有效的工具变量,借鉴相关研究文献的做法(高雷等,2006;赵增耀等,2007;银莉等,2009;武常岐等,2011),本书假定公司治理机制是外生性的,将公司治理机制的效应作为因变量。根据第二章的界定,公司治理机制效应包括对经理代理成本的制约效应、对股东代理成本的制约效应、对公司绩效的提升效应,具体因变量衡量指标分别见第五章、第六章、第七章。

二、自变量

(一)解释变量

1. 股权结构

股权结构指的股权的性质和股权比例,股权的性质用国有股和非国有股来区分,反映股权比例的指标有股权集中度、股权制衡度、两权分离度、流通股比例、机构投资者持股比例等指标。股权集中度用第一大股东的持股比例来反映;股权制衡度用第二至第五大股东的持股比例、Herfindahl2-10 指数(以下简称 H2-10)两个指标来反映,其中 H2-10 用作稳健性检验;两权分离度用终极控股股东的控制权与现金流权之差来表示,用来反映控制的层级效应;在股权分置改革及全流通背景下,流通股比例和机构投资者持股比例用来反映监督的有效性。

2. 董事会机制

董事会机制用董事会的规模和独立性来反映(Wintoki et al.,2012)。董事会的规模用董事会中董事的总数来表示,董事会的独立性用独立董事比例、不领薪董事比例和两职分离三个指标来反映。

3. 高管激励机制

高管激励机制主要包括薪酬激励和股权激励两个方面。本书借鉴魏刚(2000)、汤小莉(2010)、高雷等(2006)的相关研究,将董事、监事及高级管理人员界定为高管,高管薪酬用高管薪酬的自然对数表示,高管持股用高管持股比例来表示。

4.债权融资机制

考虑债务期限结构,借鉴相关研究(陈耿等,2004;林朝南等,2007;褚玉春等,2009;吴祖光等,2011),债权融资机制用资产负债率和债务期限结构两个指标来反映。

5.信息披露机制

借鉴高雷等(2006)、杨松武(2009a)的研究,选择审计报告是否出自"四大"会计师事务所和有无出具清洁审计意见两个指标作为信息披露机制的替代变量。

6.产品市场竞争

将公司主营行业是否受政府保护作为产品市场竞争程度的替代变量。参考陈冬华等(2005)、高雷等(2006)、杨松武(2009a)、岳希明等(2010)等文献对政府受保护行业的界定,即垄断水平较高或竞争水平较低的行业,以及中国证监会《上市公司行业分类指引》(2001年)。①本书将以下行业界定为受政府保护(或垄断)的行业:采掘业(B),石油加工及炼焦业(C41),黑色金属冶炼及压延加工业(C65),有色金属冶炼及压延加工业(C67),电力、煤气及水的生产和供应业(D),交通运输、仓储业(F),通信服务业(G85),公共设施服务(K01),邮政服务业(K10),出版业(L01),广播电影电视业(L10)。

7.投资者保护

根据樊纲等(2011)编制的市场中介组织的发育和法律制度环境指数,参考高雷等(2006)、夏立军等(2005)的研究方法,将市场中介组织的发育和法律制度环境指数作为投资者保护水平的替代变量。

8.企业集团

借鉴辛清泉等(2007)、计方等(2014)、汪玉兰等(2020)的选择依

---

① 由于本书采用的是2007—2011年的行业及财务数据,因此,仍然采用2001年中国证监会公布的《上市公司行业分类指引》,并没有采用2012年的修订版。

据,在判断上市公司是附属于企业集团还是独立企业时,依据以下原则:如果第一大股东为集团公司或者实际上充当集团公司职能的公司,则认为上市公司附属于企业集团;如果第一大股东为各级国资委、国有资产经营公司、财政局或者其他政府机构,或者其他自身不从事任何实业经营、只从事投资控股业务的公司或个人,则认为上市公司是独立企业。进一步,结合上市公司终极控制人性质,本书将上市公司分为六类:中央集团控制上市公司(GPC)和中央独立上市公司(IC),地方集团控制上市公司(GPL)和地方独立上市公司(IL),民营集团控制上市公司(GPP)和民营独立上市公司(IP),见表4.1。

表 4.1　上市公司分类

企业性质	集团控制上市公司	独立上市公司
中央政府(国有)	GPC	IC
地方政府(国有)	GPL	IL
民营(私权)	GPP	IP

(二)控制变量

1.公司规模

衡量公司规模的变量主要有员工人数、营业收入和资产规模,为衡量公司规模变量影响公司内部治理机制对公司绩效作用的程度,本书选择总资产的自然对数作为公司规模指标。

2.上市时间

上市时间的长短反映了公司治理机制的成熟度,上市时间越长,公司治理成熟度越高,对公司绩效提升的促进作用越大,因此本书选取上市公司IPO的初始时间至考察年度的时长作为上市时间指标,即上市时间=考察年度-IPO年度+1。

3.企业成长性

在企业的不同成长阶段,公司内部各治理机制发挥作用的程度是不同的(李云鹤等,2011)。本章选择营业收入增长率、总资产增长率作为企业成长性指标,其中总资产增长率用作稳健性检验。

4.行业

公司治理机制效应在不同行业可能有不同表现,为此控制了行业影响,以《上市公司行业分类指引》(2001年)为准,其中制造业细分10类,以综合类(M)为控制组。

5.年份

受金融危机影响,2007—2011年经济形势及经济政策发生了很大变化,通过控制年份的影响,可以有效消除相关环境及政策影响因素。以2007年为基准年,共4个年度的虚拟变量。

表4.2 变量定义

变量	变量名称	变量描述
CR1	股权集中度	第一大股东持股数/公司总股数
CR2-5	股权制衡度	第二至第五大股东持股比例之和
H2-10	股权制衡度	第二至第十大股东持股比例平方和
FS	机构投资者持股	基金持股比例
TS	流通股比例	年末流通股数量/总股数
Sper	两权分离度	终极控股股东的控制权与现金流权之差
Stat	控股股东性质	国有控股股东取1,否则取0
Boar	董事会规模	董事总人数
ID	独立董事比例	独立董事人数/董事总人数
NPay	不领薪董事比例	董事会中不在本公司领薪的董事比例
Dual	两职分离	CEO与董事、董事长分离取值1,否则取0
MP	高管薪酬	董事、监事及高级管理人员薪酬总额取自然对数
MS	高管持股	董事、监事及高级管理人员的持股比例之和
Lev	资产负债率	总负债/期末总资产

（表中"解释变量"为跨行标签，涵盖CR1至Lev各行）

续表

变量		变量名称	变量描述
解释变量	SD	债务期限结构	流动负债/总负债
	Grou	控股股东形式	控股股东是企业集团时取1,否则取0
	GPC	中央集团控制	控股股东是中央企业集团时取1,否则取0
	GPL	地方集团控制	控股股东是地方企业集团时取1,否则取0
	GPP	民营集团控制	控股股东是民营企业集团时取1,否则取0
	IC	中央独立上市公司	控股股东是中央独立企业时取1,否则取0
	IL	地方独立上市公司	控股股东是地方独立企业时取1,否则取0
	IP	民营独立上市公司	控制组
	Audi	审计意见	出具清洁审计意见取1,否则取0
	Four	审计意见质量	审计意见出自"四大"会计师事务所取1,否则取0
	Law	投资者法律保护	市场中介组织的发育和法律制度环境
	Pro	产品市场竞争	当主营行业是受政府保护的行业时取1,否则取0
控制变量	Grow	营业收入增长率	(本期营业收入－上期营业收入)/上期营业收入
	Grow2	总资产增长率	(期末总资产－上年期末总资产)/上年期末总资产
	Size	公司规模	期末总资产的自然对数
	Age	公司上市年限	考察年度－IPO年度＋1
	Indu	公司所属行业	以证监会《上市公司行业分类指引》(2001年)为准,其中制造业细分10类,以综合类(M)为控制组,共20个虚拟变量
	Year	年度控制变量	以2007年为基准年,共4个年度虚拟变量

三、概念模型

作为一种控制结构或制度安排,附属于企业集团可以使企业利用集团整体资本、人才、技术、品牌等内部市场资源而受益,但也要承受被集团公司掏空、双重多层代理问题严重的风险,这种收益和风险的权衡,又依企业集团的所有权性质不同而存在差异。本章基于公司治理机制,以集团控制上市公司为研究对象,从整体视角,通过集团控制上市公司与独立上市公司治理机制效应比较、不同性质上市公司治理机制效应比较,实证检验集团控制效应、治理机制对两类代理成本的约束效应、治理机制对公司绩效的促进效应,以及两类代理成本对公司绩效的负面效应(如图 4.2 所示)。首先,实证检验集团控制上市公司治理机制对经理代理成本的制约效应(第五章)。其次,实证检验集团控制上市公司治理机制对股东代理成本的制约效应(第六章)。再次,实证检验集团控制上市公司治理机制对公司绩效的促进效应,以及两类代理成本对公司绩效的负面效应(第七章)。最后,综合第五章、第六章、第七章实证检验结果,对集团控制上市公司治理机制、经理代理成本、股东代理成本、公司绩效进行整体分析。实证结果发现,集团控制上市公司绩效弱低于独立上市公司,而代理成本高于独立上市公司,其中,经理代理成本对公司绩效的负面影响大于股东代理成本。

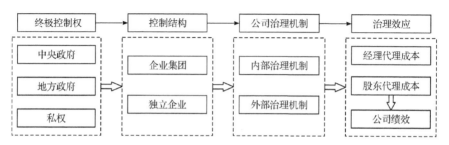

图 4.2　概念模型

第三节　样本公司基本情况

本节主要描述样本公司有关自变量的基本情况,样本公司有关因变量的情况,即经理代理成本、股东代理成本和公司绩效的情况,分别在第五章、第六章和第七章描述。

一、样本分布

(一)样本分类

1182 家样本上市公司 2007—2011 年 5910 个观测值的分类情况详见表 4.3。集团控制上市公司所占比例为 75.30%,而独立上市公司所占比例仅为 24.70%,表明我国上市公司绝大多数附属于企业集团,如果考虑金融类上市公司,集团控制上市公司的比例将更高。在集团控制上市公司中,地方集团控制上市公司(GPL)所占比例最高为 34.06%;其次是民营集团控制上市公司(GPP),所占比例为 21.95%;中央集团控制上市公司所占比例相对较低,为 19.29%。在独立上市公司中,民营独立上市公司(IP)所占比例最高,为 13.98%;其次是地方独立上市公司(IL),所占比例为 9.31%;占比最低的是中央独立上市公司(IP),为 1.42%。[①] 总体上,地方上市公司所占比例最高,为 43.37%;其次是民营上市公司,为 35.92%;中央上市公司所占比例最低,为 20.71%。从 2007—2011 年发展趋势来看,中央集团控制上市公司比例在逐年上升,地方集团控制上市公司比例略有下降,民营集团控制上市公司比例相对稳定。样本分类分布情况与第三章我国制度背景分析结论相吻合。

---

① 由于中央独立上市公司样本总共只有 84 个观测值,在实证分析中不作为重点分析对象。

表 4.3 样本分类

组织形式	产权性质	2007 年		2008 年		2009 年		2010 年		2011 年		合计	
		样本数/个	占比/%	样本数/个	占比/%	样本数/个	占比/%	样本数/个	占比/%	样本数/个	占比/%	样本数/个	占比/%
集团控制上市公司	GPC	211	17.85	223	18.87	229	19.37	238	20.14	239	20.22	1140	19.29
	GPL	411	34.77	411	34.77	405	34.26	394	33.33	392	33.16	2013	34.06
	GPP	260	22.00	253	21.40	259	21.91	261	22.08	264	22.34	1297	21.95
	小计	882	74.62	887	75.04	893	75.55	893	75.55	895	75.72	4450	75.30
独立上市公司	IC	20	1.69	17	1.44	17	1.44	15	1.27	15	1.27	84	1.42
	IL	115	9.73	111	9.39	108	9.14	109	9.22	107	9.05	550	9.31
	IP	165	13.96	167	14.13	164	13.87	165	13.96	165	13.96	826	13.98
	小计	300	25.38	295	24.96	289	24.45	289	24.45	287	24.28	1460	24.70
	合计	1182	100	1182	100	1182	100	1182	100	1182	100	5910	100

（二）样本行业分布

从行业分布情况（见表 4.4）来看，样本公司主要集中在制造业（C），所占比例共计 57.19％。在所有行业中，样本分布比例最高的是制造业中的机械、设备、仪表行业（C7），所占比例为 15.84％；其次是石油、化学、塑胶、塑料行业（C4），所占比例为 9.76％；金属、非金属行业（C6）排第三，所占比例为 8.61％。集团控制上市公司行业分布比例高低与整体样本的分布相一致。

表 4.4　样本行业分布　　　　　　　　　（单位：个）

行业代码	GPC	GPL	GPP	IC	IL	IP	合计	比例/%
A	12	43	34	0	9	10	108	1.83
B	55	102	3	0	0	0	160	2.71
C0	23	114	71	0	25	24	257	4.35
C1	24	67	88	0	23	47	249	4.21
C2	0	0	12	0	0	5	17	0.29
C3	5	29	39	0	16	20	109	1.84
C4	107	236	112	0	42	80	577	9.76
C5	50	60	74	16	2	71	273	4.62
C6	96	201	118	5	47	42	509	8.61
C7	246	275	199	11	59	146	936	15.84
C8	49	126	111	5	35	69	395	6.68
C9	10	0	15	3	5	25	58	0.98
D	86	89	13	5	65	8	266	4.50
E	40	43	26	0	12	21	142	2.40
F	82	143	13	0	33	11	282	4.77
G	105	39	81	15	8	92	340	5.75
H	55	156	81	0	55	34	381	6.45
J	28	104	89	0	49	58	328	5.55

续表

行业代码	GPC	GPL	GPP	IC	IL	IP	合计	比例/%
K	35	93	32	9	17	27	213	3.60
L	10	25	0	0	9	2	46	0.78
M	22	68	86	15	39	34	264	4.47
合计	1140	2013	1297	84	550	826	5910	100
比例/%	19.29	34.06	21.95	1.42	9.31	13.98	100	

(三)样本受保护行业分布

根据前文对垄断或受政府保护行业的划分,整体样本的受保护行业分布情况如表4.5所示。其中,国有上市公司所占比例共计为85.89%,民营上市公司仅占比例14.11%,表明国有上市公司对垄断或受保护行业的绝对控制。另外,地方集团控制上市公司(GPL)所占比例为46.61%,中央集团控制上市公司(GPC)比例为27.05%,两项共计73.66%,表明垄断或受保护行业上市公司又以国有集团控制上市公司为主。垄断或受保护行业的样本共计1120个,占总样本(5910个)的18.95%,表明就整体上市公司而言,少数上市公司控制了垄断或受保护行业。

表 4.5　样本受保护行业分布　　　　　　　　　　(单位:个)

行业代码	GPC	GPL	GPP	IC	IL	IP	合计	比例/%
B	55	102	3	0	0	0	160	14.29
C41	12	5	18	0	0	10	45	4.02
C65	26	97	6	0	0	0	129	11.52
C67	24	45	28	0	15	15	127	11.34
D	86	89	13	5	65	8	266	23.75
F	82	143	13	0	33	11	282	25.18
G85	9	0	1	0	4	10	24	2.14
K01	4	19	12	0	13	10	58	5.18

续表

行业代码	GPC	GPL	GPP	IC	IL	IP	合计	比例/%
K10	0	0	0	0	0	0	0	0.00
L01	0	9	0	0	2	0	11	0.98
L10	5	13	0	0	0	0	18	1.61
合计	303	522	94	5	132	64	1120	100
比例/%	27.05	46.61	8.39	0.45	11.79	5.71	100	

二、描述性统计

（一）变量总体描述性统计

除被解释变量之外的所有变量（解释变量和控制变量）的描述性统计如表 4.6 所示。第一大股东的平均持股比例为 36.41%，最大值为 73.97%，最小值为 9.09%，表明股权集中度较高。与第一大股东相比，第二至第五大股东的持股比例之和平均值为 14.32%，不及第一大股东平均持股比例的一半，最大值也只有 45.79%，表明股权制衡度不高。机构投资者（基金持股）持股比例均值为 5.94%，最小值为 0 即没有基金持股，表明机构投资者没有成为上市公司的持股主体。流通股比例均值为 73.28%，最大值为 100%，表明 2005 年开始的股权分置改革已经基本完成，已经部分进入全流通，最小值为 20.13%，表明尚有个别上市公司股份基本处于不流通状态。两权分离度（控制权与所有权之差）均值为 6.22%，总体上控制权超过现金流权，存在大股东掏空的可能。董事会平均规模为 9 人左右。独立董事的平均比例为 36.26%，占比较低。不在本公司领薪的董事的平均比例为 26.03%。两职分离情况平均比例为 86.11%，表明董事长和总经理两职基本是分离的。高管持股平均比例为 4.48%，表明在我国上市公司中运用股权计划激励高管的比例较低。资产负债率均值为 0.4915，债务期限结构均值为82.16%，表明在总负债中以流动负债为主。清洁审计意见比例均值为98.54%，审计意见出自"四大"会计师事务所的比例均值较低，只占7.29%。营业收入增长率和总资产增长率均值分别为22.91%和21.08%，表明我国上市公司在样本涵盖期间总体成长性较好。

表 4.6　变量总体描述性统计

变量	均值	中值	最大值	最小值	标准差
CR1	0.3641	0.3474	0.7397	0.0909	0.1507
CR2-5	0.1432	0.1147	0.4579	0.0081	0.1090
H2-10	0.0157	0.0054	0.1142	0	0.0229
FS	0.0594	0.0185	0.3804	0	0.0857
TS	0.7328	0.7464	1	0.2013	0.2416
Sper	0.0622	0	0.2998	0	0.0848
Boar	9.2959	9	15	5	1.8778
ID	0.3626	0.3333	0.5556	0.2727	0.0488
NPay	0.2603	0.25	0.6667	0	0.1954
MP	14.7449	14.7444	16.7909	12.9190	0.7830
MS	0.0448	0	0.86	0	0.1508
Dual	0.8611	1	1	0	0.3459
Lev	0.4915	0.5020	0.8519	0.0807	0.1811
SD	0.8216	0.8908	1	0.2464	0.1898
Audi	0.9854	1	1	0	0.1198
Four	0.0729	0	1	0	0.2600
Pro	0.1895	0	1	0	0.3919
Law	10.8393	8.3	19.89	3.57	5.3756
GPC	0.1929	0	1	0	0.3946
GPL	0.3406	0	1	0	0.4740
GPP	0.2195	0	1	0	0.4139
IC	0.0142	0	1	0	0.1184

续表

变量	均值	中值	最大值	最小值	标准差
IL	0.0931	0	1	0	0.2905
IP	0.1398	0	1	0	0.3468
Grou	0.7530	1	1	0	0.4313
State	0.6408	1	1	0	0.4798
Age	10.5821	11	22	1	4.6682
Size	21.8793	21.7293	25.6477	19.5831	1.2168
Age	10.5712	11	19	1	4.6465
Grow	0.2291	0.1582	3.0207	−0.5575	0.4527
Grow2	0.2108	0.1300	1.9577	−0.2618	0.3326

（四）变量均值分年度统计

对自变量均值按年度进行统计,统计结果(见表4.7)反映了5年间的动态变化趋势。股权集中度相对稳定,股权制衡度在逐步下降,流通股比例呈现明显上升的趋势。没有受到金融危机的影响,高管薪酬稳步上升。资产负债率呈现逐步上升趋势,但债务期限结构逐步下降,表明债务期限结构逐渐长期化地调整。中央集团控制上市公司数目逐年增加,地方集团控制上市公司和地方独立上市公司数目逐年减少,民营集团控制上市公司和民营独立上市公司数目相对稳定。进入垄断或受政府保护行业的上市公司数目除了2010年有所降低之外,总体上呈上升趋势。市场中介组织的发育和法律制度环境在逐年改善。企业规模呈现逐年扩大趋势。营业收入增长率在2008年和2009年连续急剧下降,2010年迅速回升,2011年又大幅下降。总资产增长率在经历了2008年的急剧下降之后,在2009年和2010年稳步上升,但在2011年又转而下降。1182家样本公司并没有包含2007年之后新上市的公司,但总体上反映了我国上市公司以上变量的变化情况。

表 4.7　变量均值分年度统计

变量	2007 年	2008 年	2009 年	2010 年	2011 年
CR1	0.3679	0.3692	0.3666	0.3604	0.3562
CR2-5	0.1591	0.1501	0.1394	0.1347	0.1329
H2-10	0.0181	0.0169	0.0150	0.0142	0.0141
FS	0.0627	0.0567	0.0541	0.0664	0.0571
TS	0.5388	0.6138	0.7725	0.8493	0.8896
Sper	0.0625	0.0619	0.0633	0.0611	0.0622
Boar	9.4154	9.3460	9.2513	9.2453	9.2217
ID	0.3583	0.3601	0.3626	0.3654	0.3668
NPay	0.2702	0.2588	0.2548	0.2614	0.2563
MP	14.4869	14.6108	14.7103	14.8884	15.0283
MS	0.0504	0.0483	0.0422	0.0421	0.0411
Dual	0.8579	0.8646	0.8663	0.8646	0.8519
Lev	0.4782	0.4830	0.4910	0.5004	0.5051
SD	0.8458	0.8434	0.8089	0.8048	0.8048
Audi	0.9831	0.9890	0.9882	0.9848	0.9822
Four	0.0770	0.0711	0.0660	0.0711	0.0795
Pro	0.1870	0.1895	0.1904	0.1861	0.1946
Law	9.1028	9.9813	11.7041	11.7041	11.7041
GPC	0.1785	0.1887	0.1937	0.2014	0.2022
GPL	0.3477	0.3477	0.3426	0.3333	0.3316
GPP	0.2200	0.2140	0.2191	0.2208	0.2234
IC	0.0169	0.0144	0.0144	0.0127	0.0127
IL	0.0973	0.0939	0.0914	0.0922	0.0905
IP	0.1396	0.1413	0.1387	0.1396	0.1396
Grou	0.7462	0.7504	0.7555	0.7555	0.7572
State	0.6404	0.6447	0.6421	0.6396	0.6371
Age	8.5821	9.5821	10.5821	11.5821	12.5821

变量	2007 年	2008 年	2009 年	2010 年	2011 年
Size	21.6019	21.7059	21.8610	22.0416	22.1863
Age	8.5821	9.5821	10.5770	11.5702	12.5448
Grow	0.3225	0.1732	0.1127	0.3290	0.2083
Grow2	0.3190	0.1440	0.1916	0.2219	0.1774

表 4.6、表 4.7 中的变量数据对应的是全体样本,表 4.8 和表 4.9 中的变量数据对应的是分组样本,突出比较集团控制上市公司与独立上市公司各变量的差异,以及三种集团控制上市公司之间各变量的差异。同时,通过表 4.6 和表 4.8 的比较也可以看出集团控制上市公司与全体样本各变量的均值差异。

三、集团控制上市公司与独立上市公司均值检验

表 4.8 对集团控制上市公司与独立上市公司有关自变量的均值进行了统计,并且分类对集团控制上市公司与相应独立上市公司自变量均值进行了均值 t 检验。

集团控制上市公司股权集中度显著高于独立上市公司,股权集中度最高的是中央集团控制上市公司。地方集团控制上市公司股权集中度显著高于地方独立上市公司,民营集团控制上市公司股权集中度显著高于民营独立上市公司。中央集团控制上市公司股权集中度高于中央独立上市公司,但不显著。

独立上市公司的股权制衡度显著高于集团控制上市公司,股权制衡度最高的是民营独立上市公司。地方独立上市公司股权制衡度显著高于地方集团控制上市公司,民营独立上市公司股权制衡度显著高于民营集团控制上市公司。相反,中央独立上市公司的股权制衡度要显著低于中央集团控制的上市公司。

表 4.8 集团控制上市公司与独立上市公司均值检验

变量	集团企业	独立企业	t值	GPC	IC	t值	GPL	IL	t值	GPP	IP	t值
CR1	0.3791	0.3181	−13.6471***	0.4035	0.3999	0.2045	0.3983	0.3303	−9.5193***	0.3280	0.3016	−4.4523***
CR2-5	0.1348	0.1689	10.452***	0.1455	0.1004	3.5653***	0.1187	0.1301	2.2952**	0.1504	0.2017	10.949***
H2-10	0.0152	0.0173	3.1448**	0.0184	0.0061	4.1559***	0.0127	0.0132	0.4571	0.0161	0.0212	5.4412***
FS	0.0622	0.0509	−4.4013***	0.0602	0.0601	0.0176	0.0624	0.0469	−3.6868***	0.0637	0.0526	−2.8884***
TS	0.7410	0.7079	−4.5516***	0.7358	0.7324	0.1234	0.7375	0.7616	2.1212**	0.7509	0.6696	−7.5258***
Sper	0.0707	0.0362	−13.7185***	0.0628	0.0007	6.2793***	0.0470	0.0094	−10.9206***	0.1145	0.0576	−15.6561***
Boar	9.3942	8.9966	−7.049***	9.7719	9.3810	1.747*	9.5902	9.3164	−2.9622***	8.7579	8.7446	−0.1857
ID	0.3616	0.3659	2.9075***	0.3574	0.3563	0.2051	0.3629	0.3646	0.6842	0.3632	0.3677	2.079**
NPay	0.2817	0.1952	−14.9544***	0.3817	0.4248	−2.1205***	0.2810	0.2195	−6.8335***	0.1949	0.1556	−5.1987***
MP	14.7635	14.6883	−3.1864***	14.9492	14.7996	1.6365*	14.7318	14.7731	1.1495	14.6495	14.6206	−0.8208
MS	0.0090	0.1540	35.0369***	0.0036	0.0041	−0.1392	0.0019	0.0057	3.3232***	0.0249	0.2680	27.5518***
Dual	0.8935	0.7623	−12.7426***	0.9360	0.9643	−1.0376	0.9151	0.8582	−4.0019***	0.8227	0.6780	−7.7874***
Lev	0.5016	0.4607	−7.5314***	0.5105	0.4783	1.5217*	0.5118	0.5166	0.5635	0.4781	0.4217	−7.1816***
SD	0.8151	0.8412	4.5604***	0.7820	0.9152	−5.6592***	0.8065	0.7863	−2.1745**	0.8576	0.8702	1.727*
Audi	0.9843	0.9890	1.3211*	0.9877	0.9881	−0.0302	0.9816	0.9891	1.2089	0.9854	0.9891	0.7388

续表

变量	集团企业	独立企业	t值	GPC	IC	t值	GPL	IL	t值	GPP	IP	t值
Four	0.0867	0.0308	−7.1602***	0.1553	0.0119	3.6131***	0.0805	0.0364	−3.5772***	0.0362	0.0291	−0.8971
Pro	0.2065	0.1377	−5.8402***	0.2658	0.0595	4.2315***	0.2593	0.2400	−0.9206	0.0725	0.0775	0.4284
Law	10.5450	11.7363	7.3813***	10.7948	13.5063	−4.6459***	10.0370	10.2156	0.6986	11.1138	12.5689	6.0866***
Age	11.0110	9.2308	−12.879***	10.8491	9.3452	3.0777***	11.4382	12.1491	3.4603***	10.4904	7.2760	−15.5094***
Size	22.0375	21.3972	−17.912***	22.4007	21.2544	7.005***	22.1145	21.8284	−5.3884***	21.5987	21.1246	−10.8529***
Grow	0.2284	0.2313	0.2134	0.2276	0.2446	−0.3677	0.2205	0.2335	0.6101	0.2414	0.2285	−0.5943
Grow2	0.2037	0.2325	2.88***	0.2058	0.2041	0.0481	0.1968	0.2055	0.5580	0.2123	0.2534	2.6201***
N	4450	1460		1140	84		2013	550		1297	826	

注：***、**、*分别表示在1%、5%、10%的水平上显著；均值差异检验采用独立样本 t 检验。

机构投资者(基金持股)对集团控制上市公司的持股比例要显著高于对独立上市公司的持股比例,机构投资者持股比例最高的是民营集团控制上市公司。机构投资者对民营集团控制上市公司的持股比例显著高于对民营独立上市公司,同样,对地方集团控制上市公司的持股比例显著高于对地方独立上市公司,对中央集团控制上市公司的持股比例高于对中央独立上市公司,但不显著。这些情况表明机构投资者对集团控制上市公司尤其是民营集团控制上市公司存在持股偏向。

集团控制上市公司的流通股比例要显著高于独立上市公司,但是在分组样本中的表现并不完全相同。中央集团控制上市公司和中央独立上市公司的流通性没有差异。地方独立上市公司的流通性要显著高于地方集团控制上市公司。民营集团控制上市公司的流通性显著高于民营独立上市公司。股票流通性最差的是民营独立上市公司,这可能与民营独立上市公司的平均上市年限最短有关。

集团控制上市公司两权分离度将近是独立上市公司的两倍,显著高于独立上市公司。两权分离度最大的是中央集团控制上市公司。中央集团控制上市公司两权分离度显著高于中央独立上市公司,同样,地方集团控制上市公司两权分离度显著高于地方独立上市公司,民营集团控制上市公司两权分离度显著高于民营独立上市公司。两权分离度结果表明集团控制形式导致了更长的控制链,与第三章有关理论和制度背景分析相吻合。

集团控制上市公司的董事会规模显著大于独立上市公司,董事会规模最大的是中央集团控制上市公司,最小的是民营独立上市公司。中央集团控制上市公司董事会规模显著大于中央独立上市公司,同样,地方集团控制上市公司董事会规模显著大于地方独立上市公司,民营集团控制上市公司董事会规模显著大于民营独立上市公司。

独立上市公司的独立董事比例显著高于集团控制上市公司,独立董事比例最高的是民营独立上市公司,最低的是中央独立上市公司,次低的是中央集团控制上市公司。中央集团控制上市公司独立董事比例与中央独立上市公司无显著差异。同样,地方集团控制上市公司独立董事比例与地方独立上市公司无显著差异。民营集团控制上市公司独立董事比例显著低于民营独立上市公司。

集团控制上市公司中未在本公司领薪的董事比例显著高于独立上市公司,比例最高的是中央独立上市公司,最低的是民营独立上市公司。地方集团控制上市公司中未在本公司领薪的董事比例显著高于地方独立上市公司。

集团控制上市公司高管薪酬显著高于独立上市公司,最高的是中央集团控制上市公司,最低的是民营独立上市公司。

集团控制上市公司高管的持股比例显著低于独立上市公司,最高的是民营独立上市公司,最低的是地方集团控制上市公司。中央集团控制上市公司高管持股比例与中央独立上市公司无显著差异。

集团控制上市公司两职分离的比例显著高于独立上市公司,两职分离度最低的是民营独立上市公司。中央集团控制上市公司的两职分离比例与中央独立上市公司无显著差异。地方集团控制上市公司的两职分离比例显著高于地方独立上市公司。

集团控制上市公司的资产负债率显著高于民营独立上市公司,最低的是民营独立上市公司。中央集团控制上市公司资的产负债率显著高于中央独立上市公司。地方集团控制上市公司的资产负债率与地方独立上市公司无显著差异。民营集团控制上市公司的资产负债率显著高于民营独立上市公司。民营上市公司(无论集团或独立)的资产负债率低于国有上市公司,可能的解释是民营上市公司面临更大的融资约束。

集团控制上市公司的债务期限结构(流动负债占总负债比例)显著低于独立上市公司,债务期限结构最高的是中央独立上市公司,次高的是民营独立上市公司。中央集团控制上市公司的债务期限结构显著低于中央独立上市公司。地方集团控制上市公司的债务期限结构显著高于地方独立上市公司。民营集团控制上市公司的债务期限结构显著低于民营独立上市公司。

集团控制上市公司的审计意见清洁比例略低于独立上市公司。审计意见清洁情况在集团控制上市公司与独立上市公司分组样本之间无显著差异。表明上市公司审计意见总体上是清洁的。

集团控制上市公司聘请"四大"会计师事务所进行审计的比例显著高于独立上市公司,比例最高的是中央集团控制上市公司,次高的是地方集团控制上市公司。民营集团控制上市公司聘请"四大"会计师事务所进行审计的比例与民营独立上市公司无显著差异。结合表4.6数据,国有(中央和地方)集团控制上市公司聘请"四大"会计师事务所进行审计的比例高于平均,其他上市公司聘请"四大"会计师事务所进行审计的比例低于平均水平,表明我国聘请"四大"会计师事务所进行审计的上市公司集中在国有集团控制上市公司。

集团控制上市公司属于受保护行业的比例显著高于独立上市公司,比例最高的是中央集团控制上市公司,其次是地方集团控制上市公司和地方独立上市公司。除了中央独立上市公司之外,民营上市公司属于受保护行业的比例很低。这与表4.5的分析结论一致,表明产品市场竞争很不充分。

集团控制上市公司分布地区受法律保护程度显著低于独立上市公司,除中央独立上市公司之外,民营独立上市公司分布地区受法律保护程度最高,其次是民营集团控制上市公司。地方集团控制上市公司、地方独立上市公司与中央集团控制上市公司分布地区在受法律保护程度方面无显著差异,表明民营上市公司主要分布于受法律保护程度较高的地区。

集团控制上市公司的上市年限显著长于独立上市公司,上市年限最长的是地方独立上市公司,其次是地方集团控制上市公司,最短的是民营独立上市公司。中央集团控制上市公司的上市年限显著长于中央独立上市公司。地方独立上市公司的上市年限显著长于地方集团控制上市公司。民营集团控制上市公司的上市年限显著长于民营独立上市公司。

集团控制上市公司的规模显著大于独立上市公司,规模最大的是中央集团控制上市公司,其次是地方集团控制上市公司。中央集团控制上市公司的规模显著大于中央独立上市公司。地方集团控制上市公司显著大于地方独立上市公司。民营集团控制上市公司的规模显著大于民营独立上市公司。

营业收入增长率在集团控制上市公司和独立上市公司之间无显著差异。

独立上市公司的总资产增长率显著高于集团控制上市公司,总资产增长率最高的是民营独立上市公司。民营独立上市公司的总资产增长率显著高于民营集团控制上市公司。总资产增长率在中央集团控制上市公司与中央独立上市公司、地方集团控制上市公司与地方独立上市公司之间无显著差异。

四、集团控制上市公司均值检验

与表4.8集团控制上市公司与独立上市的比较不同,表4.9是通过相关解释变量的均值检验突出不同集团控制上市公司之间的差异。

国有集团控制上市公司的股权集中度显著高于民营集团控制上市公司,股权集中度最高的是中央集团控制上市公司。中央集团控制上市公司的股权集中度与地方集团控制上市公司无显著差异。

民营集团控制上市公司的股权制衡度显著高于国有集团控制上市公司。中央集团控制上市公司的股权制衡度显著高于地方集团控制上市公司。中央集团控制上市公司的股权制衡度与民营上市公司没有显著差异。

机构投资者持股比例在不同集团控制上市公司之间没有显著差异。民营集团控制上市公司的流通股比例显著高于国有集团控制上市公司。中央集团控制上市公司的流通股比例与地方集团控制上市公司无显著差异。

民营集团控制上市公司的两权分离度显著高于国有集团控制上市公司。中央国有集团控制上市公司的两权分离度显著高于地方集团控制上市公司。

表4.9 集团控制上市公司均值检验

变量	国有集团企业	GPP	t值	GPC	GPL	t值	GPC	GPP	t值	GPL	GPP	t值
CR1	0.4002	0.3280	-14.8511***	0.4035	0.3983	0.9331	0.4035	0.3280	12.7338***	0.3983	0.3280	13.781***
CR2-5	0.1284	0.1504	6.2888***	0.1455	0.1187	6.7816***	0.1455	0.1504	-1.1264	0.1187	0.1504	-8.6623***
H2-10	0.0148	0.0161	1.6697**	0.0184	0.0127	6.2557***	0.0184	0.0161	2.3841***	0.0127	0.0161	-4.2923***
FS	0.0616	0.0637	0.7460	0.0602	0.0624	-0.6781	0.0602	0.0637	-1.0071	0.0624	0.0637	-0.4279
TS	0.7369	0.7509	1.7782**	0.7358	0.7375	-0.1863	0.7358	0.7509	-1.5518*	0.7375	0.7509	-1.5907*
Sper	0.0527	0.1145	22.3735***	0.0628	0.0470	5.1195***	0.0628	0.1145	-14.611***	0.0470	0.1145	-23.4379***
Boar	9.6559	8.7579	-14.3468***	9.7719	9.5902	2.4629***	9.7719	8.7579	13.6856***	9.5902	8.7579	12.604***
ID	0.3609	0.3632	1.4672*	0.3574	0.3629	-3.0533***	0.3574	0.3632	-3.1489***	0.3629	0.3632	-0.1867
NPay	0.3174	0.1949	-19.854***	0.3817	0.2810	14.6086***	0.3817	0.1949	25.9695***	0.2810	0.1949	13.19***
MP	14.8104	14.6495	-6.1401***	14.9492	14.7318	7.5552***	14.9492	14.6495	8.9831***	14.7318	14.6495	2.9706***
MS	0.0025	0.0249	14.5374***	0.0036	0.0019	1.7635*	0.0036	0.0249	-8.7119***	0.0019	0.0249	-12.7602***
Dual	0.9226	0.8227	-9.9272***	0.9360	0.9151	2.1123**	0.9360	0.8227	8.5811***	0.9151	0.8227	8.0263***
Lev	0.5113	0.4781	-5.6033***	0.5105	0.5118	-0.1919	0.5105	0.4781	4.4236***	0.5118	0.4781	5.3626***
SD	0.7977	0.8576	9.5358***	0.7820	0.8065	-3.3223***	0.7820	0.8576	-9.8087***	0.8065	0.8576	-7.8972***
Audi	0.9838	0.9854	0.3717	0.9877	0.9816	1.3044*	0.9877	0.9854	0.5046	0.9816	0.9854	-0.8124

续表

变量	国有集团企业	GPP	t值	GPC	GPL	t值	GPC	GPP	t值	GPL	GPP	t值
Four	0.1075	0.0362	-7.7268***	0.1553	0.0805	6.5554***	0.1553	0.0362	10.3651***	0.0805	0.0362	5.1272***
Pro	0.2617	0.0725	-14.4946***	0.2658	0.2593	0.3973	0.2658	0.0725	13.3528***	0.2593	0.0725	13.865***
Law	10.3110	11.1138	4.5677***	10.7948	10.0370	3.8836***	10.7948	11.1138	-1.4744*	10.0370	11.1138	-5.6366***
Age	11.2252	10.4904	-5.132***	10.8491	11.4382	-3.7412***	10.8491	10.4904	1.9994**	11.4382	10.4904	6.1149***
Size	22.2180	21.5987	-15.6636***	22.4007	22.1145	6.0972***	22.4007	21.5987	15.8531***	22.1145	21.5987	13.4676***
Grow	0.2231	0.2414	1.244	0.2276	0.2205	0.4598	0.2276	0.2414	-0.7244	0.2205	0.2414	-1.2837*
Grow2	0.2001	0.2123	1.1643	0.2058	0.1968	0.7774	0.2058	0.2123	-0.4871	0.1968	0.2123	-1.3684*
N	3153	1297		1140	2013		1140	1297		2013	1297	

注：***、**、*分别表示在1%、5%、10%的水平上显著.均值差异检验采用独立样本t检验。

国有集团控制上市公司的董事会规模显著大于民营集团控制上市公司。中央集团控制上市公司的董事会规模显著大于地方集团控制上市公司。

民营集团控制上市公司的独立董事比例显著高于国有集团控制上市公司。地方集团控制上市公司的独立董事比例显著高于中央集团控制上市公司。地方集团控制上市公司的独立董事比例与民营集团控制上市公司比例之间无显著差异。

国有集团控制上市公司中未在本公司领薪的董事比例显著高于民营集团控制上市公司。中央集团控制上市公司中未在本公司领薪的董事比例又显著高于地方集团控制上市公司。

国有集团控制上市公司的高管薪酬显著高于民营集团控制上市公司。中央集团控制上市公司的高管薪酬又显著高于地方集团控制上市公司。

国有集团控制上市公司的高管持股比例显著低于民营集团控制上市公司。中央集团控制上市公司的高管持股比例显著高于地方集团控制上市公司。高管持股比例在所有集团控制上市公司均较低。

国有集团控制上市公司的两职分离比例显著高于民营集团控制上市公司。中央集团控制上市公司的两职分离比例又显著高于地方集团控制上市公司。

国有集团控制上市公司的资产负债率显著高于民营集团控制上市公司。中央集团控制上市公司的资产负债率与地方集团控制上市公司无显著差异。国有集团控制上市公司的债务期限结构显著低于民营集团控制上市公司。中央集团控制上市公司的债务期限结构又显著低于地方集团控制上市公司。

审计意见清洁情况在不同集团控制上市公司之间无显著差异。国有集团控制上市公司聘请"四大"会计师事务所进行审计的比例远高于民营集团控制上市公司。中央集团控制上市公司聘请"四大"会计师事务所进行审计的比例远高于地方集团控制上市公司。

国有集团控制上市公司属于受保护行业的比例远高于民营集团控制上市公司。中央集团控制上市公司属于受保护行业的比例与地方集团控制上市公司之间无显著差异。

民营集团控制上市公司分布地区受法律保护程度显著高于国有集团控制上市公司。中央集团控制上市公司分布地区受法律保护程度又显著高于地方集团控制上市公司分布地区。

国有集团控制上市公司的上市年限显著长于民营集团控制上市公司。地方集团控制上市公司的上市年限又显著长于中央集团控制上市公司。

国有集团控制上市公司的规模显著大于民营集团控制上市公司。中央集团控制上市公司的规模又显著大于地方集团控制上市公司。

整体国有集团控制上市公司的营业收入增长率与民营集团控制上市公司无显著差异。民营集团控制上市公司的营业收入增长率在10％的显著性水平上,高于地方集团控制上市公司。中央集团控制上市公司的营业收入增长率与地方集团控制上市公司无显著差异。总资产增长率表现出相同的特征。总的来说,无论是营业收入增长率还是总资产增长率,不同集团控制上市公司之间的差别均不明显。

五、变量相关系数

表 4.10 列示了各治理机制变量和控制变量之间的相关系数。从表中可以看出,CR2-5 与 H2-10 的相关系数较高,为 0.8818,说明用 H2-10 替代 CR2-5 用作稳健性检验比较合理。与此类似,Grow 与 Grow2 的相关系数为 0.4424,说明可以用 Grow2 替代 Grow 用作稳健性检验。除此之外,各变量之间的相关系数均小于 0.5,因此在同一个模型中出现的各治理机制变量之间不存在多重共线性。

另外,从各治理机制变量相关系数的符号可以初步看出,各治理机制之间存在一定的替代或互补关系。正是由于各治理机制变量之间的

表 4.10 变量相关系数矩阵

变量	CR1	CR25	HI210	TS	FS	Sper	Boar	ID	NPsy	MP	MS	Dual	Lev	SD	Audi	Four	Law	Pro	Grou	State	Sinc	Grow	Grow2	Age
CR1	1																							
CR25	-0.3289*	1																						
HI210	-0.1695*	0.6818*	1																					
TS	-0.3241*	-0.2104*	-0.2060*	1																				
FS	-0.0497*	0.0860*	-0.1260*	0.0482*	1																			
Sper	0.1107*	0.0165	0.0275*	-0.0304*	0.0126	1																		
Boar	0.0577*	0.0604*	0.0886*	-0.0578*	0.0645*	0.0097	1																	
ID	0.017	-0.0381*	-0.0236	0.0467*	-0.0178	-0.0725*	-0.2636*	1																
NPsy	0.1740*	-0.0488*	-0.0331	-0.0281*	-0.0693*	0.0223	0.1542*	-0.1843*	1															
MP	0.0199	0.0832*	0.1946*	0.1492*	0.2959*	-0.0203	0.2171*	0.0188	-0.1092*	1														
MS	-0.1131*	0.2564*	0.3828*	-0.2107*	-0.0008	-0.1390*	-0.1167*	0.0156	-0.2252*	-0.0507*	1													
Dual	0.0752*	-0.0771*	-0.0393*	-0.0316	-0.016	-0.0119	0.1172*	-0.0428*	0.1479*	0.0025	-0.224*	1												
Lev	0.0637*	-0.0969*	-0.0655*	0.0837*	-0.0908*	0.0165	0.1197*	-0.012	0.0364*	0.1305*	-0.1468*	0.1086*	1											
SD	-0.0958*	-0.0058	-0.0518*	-0.0201	0.0327*	0.0558*	-0.1445*	0.0034	-0.0616*	-0.1401*	0.1320*	-0.0898*	-0.1866*	1										
Audi	0.0333*	-0.0001	0.0069	-0.0333*	0.0410*	0.0022	-0.0185	-0.0173	-0.0349*	0.0414*	0.0336*	-0.0023	-0.0384*	-0.0373*	1									
Four	0.1473*	0.1274*	0.2663*	-0.0340*	0.0237	0.0514*	0.1468*	0.0206	0.0583*	0.2648*	-0.0658*	0.4468*	0.0466*	-0.1446*	0.0015	1								
Law	0.0348*	0.016	0.0195	0.1038*	-0.0578*	-0.0045	-0.0516*	-0.0272*	0.0734*	0.2083*	0.1526*	-0.0714*	-0.0420*	0.0726*	0.0244	0.1013*	1							
Pro	0.2513*	-0.0066	0.4756*	-0.1021*	-0.0686*	-0.0403*	0.2108*	-0.0206	0.1352*	0.0656*	-0.1024*	0.0607*	0.0397*	-0.3664*	0.0083	0.1616*	-0.1178*	1						
Grou	0.1748*	-0.1347*	-0.0409*	0.0691*	0.0672*	0.1757*	0.0913*	-0.0378*	0.1910*	0.0414*	-0.4148*	0.1636*	0.0975*	-0.6592*	-0.0172	0.0928*	-0.0956*	0.0758*	1					
State	0.2301*	-0.1864*	-0.0779*	0.0419*	0.0002	-0.2656*	0.2166*	-0.0357*	0.3093*	0.1021*	-0.3707*	0.2050*	0.1462*	-0.1615*	-0.0085	0.1137*	-0.1171*	0.2189*	0.2465*	1				
Sinc	-0.2936*	-0.0601*	0.0590*	-0.0434*	0.2173*	-0.0665*	0.2890*	0.0546*	0.0884*	0.4960*	-0.2234*	0.1196*	0.4100*	-0.3829*	0.0489*	0.9355*	0.0413*	0.3398*	0.2270*	0.2862*	1			
Grow	0.0795*	0.0376*	0.0094	-0.1021*	0.1045*	0.0601*	0.0158	0.0183	0.0101	0.0413*	0.007	0.0019	0.1043*	-0.009	0.0091	3.0058	-0.0538*	0.0155	-0.0028	-0.0121	0.1025*	1		
Grow2	0.1171*	0.1115*	0.0661*	-0.2394*	0.1683*	0.0033	0.0165	0.0067	-0.0103	0.0590*	0.1658*	-0.0362*	0.0943*	-0.1062*	0.0505*	3.003	-0.0404*	0.0064	-0.0374*	-0.0395*	0.1726*	0.4424*	1	
Age	-0.1316*	-0.3073*	-0.2255*	0.3720*	-0.0165	-0.0126	-0.0555*	0.0065	0.1066*	0.1035*	-0.4023*	0.1167*	0.1719*	-0.0798*	-0.0653*	3.0171	0.0580*	-0.0491*	0.1653*	0.2146*	0.1817*	-0.0293*	-0.1274*	1

注：* 表示在 10% 的水平上显著。

替代或互补关系的存在,在不存在共线性的前提下,将治理机制变量作为整体来考察其治理效应,比用单一治理机制变量对治理效应进行回归更具现实性。

第四节　实证研究方法设计

20 世纪 60 年代,面板数据被引入计量经济学模型,但只是作为一组混合数据样本用以估计经典的计量经济学模型。面板数据模型理论方法的发展和应用研究的开展主要发生在 20 世纪八九十年代。进入 21 世纪后,面板数据模型理论方法研究成为理论计量经济学最活跃的领域。目前,面板数据模型已经成为应用最广泛的计量经济学模型。

面板数据(panel data, longitudinal data,也被译为平行数据、综列数据),指的是在一段时间内跟踪同一组个体的数据。它既有横截面的维度(n 个个体,$n>1$),又有时间维度(T 个时期,$T>1$)(Hsiao,2003;陈强,2010)。当 $n=1$ 时,即为时间序列数据;当 $T=1$ 时,即为截面数据。通常以上市公司为样本的面板数据的 T 较小,n 较大,被称为短面板数据。而宏观经济分析面板数据的 T 较大,n 较小,被称为长面板数据。如果在面板数据中,每个时期在样本中的个体完全一样,则称为平衡面板数据;反之,称为非平衡面板数据。

通常将基于面板数据回归的模型称为面板数据模型。在面板数据模型中,如果解释变量包含被解释变量的滞后值,则称为动态面板;反之,则称为静态面板。本书主要运用静态面板模型。

一、面板数据模型特点

相较于截面数据和时间序列数据,面板数据的主要优点如下。

第一,可以解决遗漏变量问题。遗漏变量(不可计量变量或不可观察变量)偏差是一个实证研究中普遍存在的问题。虽然可以运用工具变量法解决,但找到有效的工具变量相当困难。遗漏变量常常是由不可观测的个体差异或异质性(heterogeneity)造成的,如果这种个体差异不随时间而改变,则面板数据模型可以解决遗漏变量问题。

第二,提供更多个体动态行为的信息。由于面板数据模型同时具备横截面和时间两个维度,因此有时可以解决单独的截面数据或时间序列数据所不能解决的问题。

第三,样本容量更大。由于同时具有截面维度和时间维度,面板数据模型的样本容量通常较大,具有更多的信息,增加了自由度,减少了解释变量之间的共线性,从而可以提高估计的精确度。

第四,有助于从基于不同经济理论建立的互相竞争的模型中识别出最合适的模型。

第五,可以减少甚至消除模型估计偏差。

面板数据也存在一些缺点。

第一,面板数据通常不满足独立同分布的假定,因为同一个体在不同时期的扰动项一般存在自相关。

第二,面板数据的收集成本通常较高,不易获得。

第三,面板数据包括横截面和时间两个维度的数据,如果模型设定不正确,将造成较大的偏差,导致估计结果与实际将相差甚远。

综上,在建立面板数据模型时必须控制不可观察的个体和时间的特征以避免模型设定出现偏差并改进参数估计的有效性。

面板数据模型估计有两个极端策略:一是截距、系数模型不变,将各截面成员的时间序列数据堆积在一起进行混合回归(pooled regression model),这要求样本中每个个体都拥有完全相同的回归方程。二是变截距、变系数模型,为每个个体估计一个单独的回归方程。前者忽略了个体间不可观测或被遗漏的异质性,而该异质性可能与解释变量相关从而导致了估计结果不一致。后者则忽略了个体间的共性,也可能没有足够大的样本容量。因此,在实践中常采用折中的估计策略,即假定个体的回归方程拥有相同的斜率,但可以有不同的截距,即不变系数变截距模型,以此来捕捉异质性。这种模型又被称为个体效应模型(individual-specific effects model)(陈强,2010),其形式如下:

$$y_{it} = x'_{it}\beta + z'_i\delta + \mu_i + \varepsilon_{it} \ (i=1,2,\cdots,n;t=1,2,\cdots,T) \quad (4.1)$$

其中,z_i 为不随时间而变的个体特征;x_{it} 可以随个体及时间而变。扰动项由 μ_i 和 ε_{it} 两部分构成,称为复合扰动项。其中,不可观测的随机变量 μ_i 是代表个体异质性的截距项。ε_{it} 为随个体与时间而改变的扰动项。假设 $\{\varepsilon_{it}\}$ 为独立同分布的,且与 μ_i 不相关。

如果 μ_i 与某个解释变量相关,则进一步称之为固定效应模型(fixed effects model,FE)。在这种情况下,OLS 估计是不一致的。为了解决不一致性,可以通过一阶差分法或组内变换法(又称固定变换法)(Wooldridge,2010),消去不一致性后获得一致估计量。

如果 μ_i 与所有解释变量 $\{x_{it},z_i\}$ 均不相关,则进一步称之为随机效应模型(random effects model,RE)。从经济理论的角度来看,随机效应模型比较少见,实际应用中,固定效应模型受到推荐(艾春荣,2003),但仍需通过数据来检验究竟该用随机效应模型还是固定效应模型。

由上,从面板数据模型估计的角度,可以将面板数据模型分为混合效应模型、固定效应模型和随机效应模型。同样,也可以根据截距项 μ_i 和系数向量 (β,δ) 中各分量的不同限制要求,式(4.1)所描述的面板数据模型可划分为三种类型:混合效应模型(无个体影响的不变系数模型)、变截距模型、变系数模型(高铁梅,2016)。显然,与截面数据相比,面板数据提供了更为丰富的模型与估计方法。

二、混合效应模型

如果所有个体都拥有完全一样的回归方程,即不变系数、不变截距,则式(4.1)可以写成如下混合效应模型形式

$$y_{it} = \alpha + x'_{it}\beta + z'_{i}\delta + \varepsilon_{it} \qquad (4.2)$$

其中，x_{it} 不包括常数项。在该模型中，假设在截面成员上既无个体影响也没有结构变化，即对各截面方程而言，截距项 μ_i 和系数向量 (β, δ) 均相同。此时，样本数据只能将样本看成一组混合数据，而不是真正的面板数据。由于面板数据的特点，虽然通常可以假设不同个体之间的扰动项相互独立，但同一个体的扰动项在不同时期往往存在自相关。因此，对标准差的估计应该使用聚类稳健的标准差，而所谓聚类，就是由每个个体不同时期的所有观测值组成的。同一聚类或个体的观测值允许存在相关性，而不同聚类或个体的观测值则不相关。

混合效应模型的假设是不存在个体效应，对于这个假设，必须进行统计检验。

三、固定效应模型

固定效应模型形式类同式(4.1)，但是假定 μ_i 与某个解释变量相关，为了获得一致和有效的估计量，通常采用固定效应变换和一阶差分法来消去 μ_i。

（一）固定效应变换

对于固定效应模型，给定第 i 个个体，将式(4.1)两边对时间取平均可得如下形式

$$\overline{y}_i = \overline{x}'_i\beta + z'_i\delta + \mu_i + \overline{\varepsilon}_i \qquad (4.3)$$

式(4.1)减去式(4.3)，可得原模型的离差形式

$$y_{it} - \overline{y}_i = (x_{it} - \overline{x}_i)'\beta + (\varepsilon_{it} - \overline{\varepsilon}_i) \qquad (4.4)$$

定义 $\tilde{y}_{it} \equiv y_{it} - \overline{y}_i, \tilde{x}_{it} \equiv x_{it} - \overline{x}_i, \tilde{\varepsilon}_{it} \equiv \varepsilon_{it} - \overline{\varepsilon}_i$，则

$$\tilde{y}_{it} = \tilde{x}'_{it}\beta + \tilde{\varepsilon}_{it} \qquad (4.5)$$

通过固定效应变换，消去了 μ_i，只要 ε_{it} 与 x_{it} 不相关，则可以用 OLS 一致地估计 β，成为固定效应估计量，记为 $\hat{\beta}_{FE}$。由于 $\hat{\beta}_{FE}$ 主要使用了每个

个体的组内离差信息,也称为组内估计量。即使个体特征 μ_i 与解释变量 x_{it} 相关,只要使用组内估计量,就可以得到一致估计,这是面板数据模型的优势。然而,在组内变换的过程中,$z'_i\delta$ 也被消掉了,故无法估计 δ。因此,$\hat{\beta}_{FE}$ 无法估计不随时间而变的变量的影响,这是 FE 的一大缺点。

如果在式(4.1)中引入 $(n-1)$ 个虚拟变量(如果没有截距项,则引入 n 个虚拟变量)来代表不同的个体,则可以得到与上述离差模型同样的结果。因此,FE 也被称为最小二乘虚拟变量模型(least square dummy variable model,LSDV)。使用 LSDV 模型的好处是可以得到对个体异质性 μ_i 的估计。

以上固定效应模型没有考虑时间效应,被称为单向固定效应(One-Way FE)。如果考虑时间效应,则称为双向固定效应(Two-Way FE),具体方法可以通过引入一个时间趋势项,或者将时期虚拟变量放入回归方程中。

(二)一阶差分法

对式(4.1)两边取一阶差分,得

$$y_{it} - y_{i,t-1} = (x_{it} - x_{i,t-1})'\beta + (\varepsilon_{it} - \varepsilon_{i,t-1}) \qquad (4.6)$$

对式(4.6)使用 OLS 即可得到一阶差分估计量,记为 $\hat{\beta}_{FD}$。只要扰动项的一阶差分 $(\varepsilon_{it} - \varepsilon_{i,t-1})$ 与解释变量的一阶差分 $(x_{it} - x_{i,t-1})$ 不相关,则 $\hat{\beta}_{FD}$ 是一致的。此一致性条件比保证 $\hat{\beta}_{FE}$ 一致的严格外生性假定更弱,这是 $\hat{\beta}_{FD}$ 的优点。但对于 $T>2$,如果 $\{\varepsilon_{it}\}$ 为独立同分布的,则组内估计量 $\hat{\beta}_{FE}$ 比一阶差分估计量 $\hat{\beta}_{FD}$ 更有效率。因此,在实证中,主要使用 $\hat{\beta}_{FE}$。但对于动态面板,严格外生性假定无法满足,则使用差分法。

四、随机效应模型

固定效应模型形式如式(4.1),但随机效应模型假设 μ_i 与解释变量

$\{x_{1t}, z_i\}$ 均不相关,所以 OLS 是一致的。但是,扰动项由 μ_i 和 ε_{it} 组成,不是球形扰动项,因此 OLS 不是最有效率的。假设不同个体之间的扰动项互不相关。由于 μ_i 的存在,同一个体不同时期的扰动项之间存在自相关,关系为

$$\mathrm{cov}(\mu_i + \varepsilon_{it}, \mu_i + \varepsilon_{is}) = \begin{cases} \sigma_\mu^2, & t = s \\ \sigma_\mu^2 + \sigma_\varepsilon^2, & t \neq s \end{cases} \tag{4.7}$$

其中,σ_μ^2 为 μ_i 的方差,σ_ε^2 为 ε_{it} 的方差。当 $t \neq s$ 时,其自相关系数为

$$\rho \equiv \mathrm{corr}(\mu_i + \varepsilon_{it}, \mu_i + \varepsilon_{is}) = \frac{\sigma_\mu^2}{\sigma_\mu^2 + \sigma_\varepsilon^2} \tag{4.8}$$

同一个体不同时期的扰动项之间的自相关系数不随时间距离而改变,因此,随机效应模型也被称为等相关模型或可交换扰动项模型。ρ 越大,则复合扰动项$(\mu_i + \varepsilon_{it})$中个体效应的部分 μ_i 越重要。

同一个体扰动项的协方差矩阵为

$$\Sigma = \begin{bmatrix} \sigma_\mu^2 + \sigma_\varepsilon^2 & \cdots & \sigma_\mu^2 \\ \vdots & \sigma_\mu^2 + \sigma_\varepsilon^2 & \vdots \\ \sigma_\mu^2 & \cdots & \sigma_\mu^2 + \sigma_\varepsilon^2 \end{bmatrix}_{T \times T} \tag{4.9}$$

整个样本扰动项的协方差矩阵为

$$\Omega = \begin{bmatrix} \Sigma & \cdots & 0 \\ \vdots & \ddots & \vdots \\ 0 & \cdots & \Sigma \end{bmatrix}_{nT \times nT} \tag{4.10}$$

由于 OLS 是一致的,其扰动项为$(\mu_i + \varepsilon_{it})$,可以用 OLS 的残差 $(\sigma_\mu^2 + \sigma_\varepsilon^2)$ 来估计。另外,FE 也是一致的,其扰动项为$(\varepsilon_{it} - \varepsilon_i)$,可以用 FE 的残差 σ_ε^2 来估计。然后,就可以用可行广义最小二乘法(FGLS)来估计随机效应模型,得到随机效应估计量,记为 $\hat{\beta}_{\mathrm{RE}}$。具体而言,用 OLS 来估计如下广义离差模型,

$$y_{it} - \hat{\theta}\overline{y}_i = (x_{it} - \hat{\theta}\overline{x}_i)'\beta + (1-\hat{\theta})z_i'\delta + (1-\hat{\theta})\mu_i + (\varepsilon_{it} - \hat{\theta}\overline{\varepsilon}_i) \tag{4.11}$$

其中,$\hat{\theta}$是 $\theta \equiv 1 - \sigma_\varepsilon / \sqrt{T\sigma_M^2 + \sigma_\varepsilon^2}$ 的一致估计量,式(4.11)的扰动项不再

有自相关。

五、模型设定检验

在建立面板数据模型时，第一步要进行模型形式设定，通过协方差分析检验，判定是混合效应模型、变截距模型还是变系数模型（高铁梅，2016）。由于本书研究对象是集团控制上市公司治理机制的效应，样本数据属于典型的短面板数据（$N=1182$，$T=5$），借鉴前期国内外同类研究经验，变系数模型缺乏现实经济解释，所以重点考察混合效应模型、变截距固定效应模型和变截距随机效应模型。

在模型形式设定检验时，首先进行固定效应检验，即在混合效应模型和变截距固定效应模型之间进行选择。如果接受混合效应模型，则不需要进行随机效应检验。随后进行随机效应检验，即在变截距固定效应模型和变截距随机效应模型之间进行选择。

（一）固定效应检验

变截距固定效应检验的基本思想为：将含有个体或时期固定影响的变截距模型看作无约束回归，将不含相应固定影响的变截距模型看作约束各固定影响均相等的受约束回归，通过检验约束是否为真，从而判断变截距模型中是否应该包含相应的固定影响，检验过程如下。

第一，估计含有个体或时期固定影响的变截距模型，并计算其残差平方和，记为 RSS_U。

第二，估计不含相应固定影响的变截距模型，并计算其残差平方和，记为 RSS_R。

第三，计算 F 统计量，公式为

$$F=[(\text{RSS}_R-\text{RSS}_U)/q]/[\text{RSS}_U/(NT-p)]\sim F(q,NT-p)$$

$$(4.12)$$

其中,q 为受约束回归的约束个数,p 为含有个体或时期固定影响的变截距模型中待估参数的个数,在约束为真的条件下,该统计量服从 F 分布。该方法也可以推广到双固定(固定个体和时期)效应显著性的联合检验中。

固定效应检验可以通过似然比检验(likelihood ration,LR)来实现,其 H_0 原假设为固定效应,是冗余的,即不存在个体效应,如果不能拒绝原假设,则选择混合效应模型,反之,如果拒绝原假设,则认为存在个体效应,选择固定效应模型。

第五章、第六章、第七章相关模型固定效应似然比检验结果全部拒绝混合效应模型,即存在个体效应。

(二)随机效应检验

个体效应分为固定效应和随机效应,在利用面板数据模型时面临的主要问题是如何在固定效应模型和随机效应模型之间做出选择。若 T 较大而 N 较小,即常见的长面板数据模型,则通过固定效应模型和随机效应模型估计得到的参数值之间可能没有什么差别。当 N 较大而 T 较小时,即短面板数据模型,固定效应模型和随机效应模型估计得到的参数值可能会有显著差异。此时,如果确信样本中的个体不是从一个较大的总体中随机抽取的,则使用固定效应估计是合适的。但如果样本中的个体可以视为随机抽取的,则随机效应模型估计是合适的(Judge et al. ,1984;古扎拉蒂,2005)。在实证研究中,一般的做法是:先建立随机效应模型,然后检验该模型能否满足个体效应与解释变量不相关的假设,若满足就将模型确定为随机效应模型,反之,则将模型确定为固定效应模型。

为检验模型中个体效应与解释变量之间是否相关,Breusch 等(1980)提供了一个检验个体效应的方法,即 LM 检验,其原假设为"$H_0:\sigma_\mu^2 = 0$",而备择假设为"$H_1:\sigma_\mu^2 \neq 0$"。如果拒绝原假设,则说明原模型中应该有一个反映个体特性的随机扰动项 μ_i,而不应该使用混合效应模型。

在实证研究中,是否存在随机效应常通过 Hausman 检验来判断,它是 Hausman(1978)提出的一种更严格的统计检验方法。其原假设是随机效应模型中个体效应与解释变量不相关,检验过程中所构造的统计量(Wald)为:

$$W = [\hat{\beta} - \hat{\beta}_{RE}]' \hat{\sum}^{-1} [\hat{\beta}_{FE} - \hat{\beta}_{RE}] \qquad (4.13)$$

其中,$\hat{\sum}$ 为固定效应模型和随机效应模型中回归系数估计结果之差的方差,即

$$\hat{\sum} = \mathrm{var}[\hat{\beta}_{FE} - \hat{\beta}_{RE}] \qquad (4.14)$$

Hausman 证明在原假设下,式(4.13)给出的统计量 Wald 服从自由度为 k 的 χ^2 分布,k 为模型中解释变量的个数。

通过 Hausman 检验,如果不能拒绝原假设,则认为模型存在随机效应,否则,选择固定效应模型。

五、实证研究计量模型及应用

根据面板数据模型的基本特征,它比截面回归具有更大的优势,进行分析时更加注重横截面层次的效应,研究重点为考察截面成员间存在的个体影响,借鉴高雷等(2006)、武常等(2011)、郑国坚等(2012)的相关研究,将图 4.2 所示的概念模型转换成如下计量模型

$$\mathrm{CGEF}_{it} = \beta_0 + \sum_k \beta_k \mathrm{CG}_{it} + \sum_j \beta_j \mathrm{Control}_{it} + \mu_i + \varepsilon_{it} \qquad (4.15)$$

其中,CGEF_{it} 为治理机制的效应,具体为经理代理成本、股东代理成本和公司绩效;CG_{it} 为 k 治理机制变量;$\mathrm{Control}_{it}$ 为 j 个控制变量;$t=1,2\cdots,5$。

在统一的计量模型式(4.15)的基础上,第五章、第六章、第七章分别将经理代理成本、股东代理成本和公司绩效作为被解释变量,考虑集团控制与非集团控制、国有产权与非国有产权下,治理机制的具体效应。其中第七章还附带了两类代理成本对公司绩效的影响,检验两类

代理成本对公司绩效的影响差异。

为了检验所提出的假设，区分不同的样本分组、不同的代理变量或绩效变量，将模式(4.15)具体化为一系列不同的模型，对这些模型使用面板数据回归方法估计各变量系数及符号。至于具体的估计方法，主要采用横截面加权的面板数据广义最小二乘法，并辅之以其他类型的Panel回归方法进行稳健性检验，所有方法均报告 White 异方差稳健估计量。从各面板数据模型检验结果来看，绝大多数相关模型的随机效应 Hausman 检验结果拒绝原假设，选择固定效应模型，只有少数几个模型不能拒绝随机效应。但是从公司治理机制相关理论来看，尤其是加入行业、年度等控制变量之后，随机扰动项与解释变量具有一定的相关性，参考 Chen 等(2010)的研究，针对随机效应 Hausman 检验结果不显著的几个模型，为便于模型比较和固定效应与随机效应识别，本章给出 Hausman 检验结果，仍然选择固定效应估计结果。

本章小结

本章和第五章、第六章、第七章构成本书实证部分的整体，本章是对实证研究方案的总体逻辑梳理。第一，样本选择与数据来源。本部分描述了样本产生的具体过程和来源，以及实证部分所使用到的软件。第二，模型构建。作为被解释变量(因变量)，集团控制效应、治理机制对两类代理成本的约束效应、治理机制对公司绩效的促进效应以及两类代理成本对公司绩效的负面效应等，简称为治理机制的效应，是本书要实证检验的对象。各治理机制变量作为解释变量(自变量)。将两者统一在概念模型之中，是后面三章具体实证模型的基础。对各被解释变量分别在第五章、第六章、第七章阐释，为避免重复，将实证中共同的治理机制变量和控制变量的选择在本章阐述。第三，描述性统计。在前两步的基础上,对样本有关治理机制变量进行了描述性统计。第四,实证研究方法设计。基于面板数据的优势,本章实证用到的主要是面板数据模型。简要概括了面板数据的方法论,在此基础上将概念模型转换为统一的治理机制及其效应的计量模型,为后面三章具体实证模型建立和固定效应模型设定提供依据。

第五章
集团控制上市公司治理机制与经理代理成本

第一节　研究假设

一、集团控制与经理代理成本

企业集团形式使控制层级和代理层级延长,其存在的双重代理问题使得企业集团内部市场常常异化为经理人的寻租市场(Scharfstein et al.,2000)。相比独立企业,企业集团控股企业的经理更容易做出"帝国建造"和"壕沟防御"行为,从而导致剩余损失。我国国有企业集团是国企改革的产物,但集团控制并没有从根本上解决所有者缺位问题,其本质是内部人控制(刘兴强,2002),集团公司和其所控制的上市公司之间仍然是行政关系,上市公司法人治理结构形同虚设,集团公司和上市公司均为内部人控制,上市公司经理通过向集团公司 CEO 进行政治寻租以谋求晋升或退出,从而加重经理代理成本。武常岐等(2011)则认为国有集团控制会对上市公司产生正反两方面影响:减轻经理代理成本,加重股东代理成本。据此,提出如下假设:

假设 5.1:集团控制上市公司经理代理成本高于独立上市公司。

假设 5.1a:地方集团控制上市公司经理代理成本高于地方独立上市公司。

假设 5.1b:民营集团控制上市公司经理代理成本高于民营独立上市公司。

二、集团控制、产权性质与经理代理成本

集团控制的产权性质不同导致经理代理成本存在差异。中央集团控股上市公司的经理主要由母公司委派,具有相当高的行政级别,有一定能力对抗来自董事会的监督,享有较高剩余决策权,因而内部人控制现象常常存在。地方集团控制上市公司与中央集团控制上市公司类似,经理能够利用董事会的软约束以及不对称信息中的优势,形成内部人控制局面,加上与各职能部门监管距离相对较远,因而经理代理问题比中央集团控制上市公司更为严重。与国有产权相比,民营集团控制上市公司权责对等,产权的激励和约束功能发挥充分。因此,民营集团公司股东在选聘、监督和考核经理人方面能够比国有集团做得更好。民营集团公司大股东积极主动参与公司经营管理,充分掌握公司内部信息,更有甚者,控制性股东派出家族成员担任经理职务,或者由本人亲自兼任,能够将经理代理成本降至更低水平(杨松武,2009a)。据此,提出如下假设:

假设 5.2:民营集团控制上市公司经理代理成本低于国有集团控制上市公司。

假设 5.3:中央集团控制上市公司经理代理成本低于地方集团控制上市公司。

三、集团控制上市公司治理机制与经理代理成本

(一)股权结构

Jensen 等(1976)将股东分为内部股东和外部股东,认为提高内部

控股股东的股权比例能够降低代理成本。Shleifer 等(1986)从接管市场的有效性出发,认为适度的股权集中可以降低管理层代理成本。宋力等(2005)、李明辉(2009)实证发现股权集中度与经理代理成本负相关。高雷等(2010)实证发现股权集中度、股权制衡度、高管持股比例与经理代理成本显著负相关,终极控股股东性质与代理成本无显著关联。因此,提出以下假设:

假设 5.4:股权集中度与经理代理成本负相关。

假设 5.5:股权制衡度与经理代理成本负相关。

假设 5.6:机构投资者持股比例与经理代理成本负相关。

假设 5.7:流通股比例与经理代理成本负相关。

假设 5.8:两权分离度与经理代理成本负相关。

(二) 董事会

高雷等(2007)实证发现董事会规模、独立董事比例与经理代理成本显著负相关,领取报酬的董事比例与经理代理成本显著正相关,两职分设与经理代理成本无显著关系。因此,提出以下假设:

假设 5.9:董事会规模与经理代理成本负相关。

假设 5.10:独立董事比例与经理代理成本负相关。

假设 5.11:不在本公司领薪董事比例与经理代理成本负相关。

假设 5.12:两职分离与经理代理成本负相关。

(三) 高管激励

黄福广等(2011)实证发现高管薪酬与经理代理成本显著负相关,但在国有控股上市公司和民营控股上市公司之间存在差异。陈建林(2010)以上市家族企业为样本,实证发现高管人员薪酬机制能够显著降低经理代理成本。因此,提出如下假设:

假设 5.13:高管薪酬与经理代理成本负相关。

假设 5.14:高管持股比例与经理代理成本负相关。

（四）债权融资

根据 Jensen 等（1976）的观点，负债融资可以减少企业的自由现金流，有效约束经理的行为，降低代理成本。蔡吉甫等（2007）、戴钰（2011）等实证发现负债融资与代理成本负相关，短期负债比例与代理成本显著负相关，但长期负债比例与经理代理成本没有负向效应。因此，提出以下假设：

假设 5.15：资产负债率与经理代理成本负相关。

假设 5.16：短期债务比例与经理代理成本负相关。

（五）信息披露

杜兴强等（2009）以深交所上市公司信息披露考评作为信息披露质量的替代变量，实证发现高质量的信息披露可以显著降低经理代理成本。罗炜等（2010）实证发现经理代理成本越高，自愿性信息披露的可能性就越低。因此提出以下假设：

假设 5.17：审计意见清洁度与经理代理成本负相关。

假设 5.18：审计意见质量与经理代理成本负相关。

（六）产品市场竞争

在产品市场竞争激烈的环境下，高管有可能因经营失败而失去职位，从而被迫减少败德行为。同时，密切的竞争对手相当于为衡量公司管理质量提供了一个标尺，降低了信息不对程度。姜付秀等（2009）研究发现，产品市场竞争能够降低经理代理成本。因此提出以下假设：

假设 5.19：产品市场竞争与经理代理成本负相关。

（七）投资者法律保护

吴永明等（2007）实证发现投资者法律保护程度的提高能够有效抑制上市公司财务舞弊行为。因此提出以下假设：

假设 5.20：投资者法律保护程度与经理代理成本负相关。

第二节　变量选择与描述性统计

一、变量选择

借鉴 Ang 等(2000)、Singh 等(2003)、肖作平等(2006)、杜兴强等(2009)、高雷等(2010)、罗炜等(2010)等相关研究,本书采用管理费用率、经营费用率 1、经营费用率 2、总资产周转率等财务指标来衡量代理成本,其中管理费用率、经营费用率 1、经营费用率 2 是直接衡量经理代理成本的指标,总资产周转率是间接衡量经理代理成本的指标;经营费用率 1 和经营费用率 2 用来做模型的稳健性检验。具体定义见表 5.1。

表 5.1　经理代理成本被解释变量定义

符号	变量名称	变量定义
MER	管理费用率	管理费用/营业收入
OER1	经营费用率 1	(管理费用＋营业费用)/营业收入
OER2	经营费用率 2	(管理费用＋营业费用＋财务费用)/营业收入
TAR	总资产周转率	营业收入/总资产平均余额;总资产平均余额＝(资产合计期末余额＋资产合计期初余额)/2

注:各解释变量、控制变量的定义见表 4.2。

二、描述性统计

(一) 变量总体描述性统计

经理代理成本变量的总体描述性统计如表 5.2 所示。管理费用率均值与经营费用率 1 均值的差额为 0.0555,即营业费用率为 0.0555。经营费用率 2 均值与经营费用率 1 均值的差额为 0.0237,即财务费用率为 0.0237。管理费用率最大,但其标准差最小,经营费用率次之。最小比例的是财务费用率,这也是有些文献为何将财务费用率不考虑在经理代理成本范围内的原因。在四个指标中,标准差最大的是总资产周转率,说明在全体样本中,个体的资产周转能力差异较大。

表 5.2　经理代理成本变量总体描述性统计

变量	均值	中值	最大值	最小值	标准差
MER	0.0783	0.0635	0.3614	0.0086	0.0599
OER1	0.1338	0.1072	0.5942	0.0151	0.1043
OER2	0.1575	0.1299	0.6385	0.0227	0.1112
TAR	0.7907	0.6619	3.0585	0.0775	0.5502

(二) 变量均值分年度统计

表 5.3 是经理代理成本变量均值分年度统计情况。从中可以看出管理费用率、经营费用率 1 和经营费用率 2 这三个变量存在共同的变化趋势:2007—2009 年逐年上升,2010 年相较 2009 年有明显的下降,2010—2011 年又呈现上升势头。总资产周转率指标的变化趋势则与前三个指标相反。经理代理成本的变化趋势与我国经济形势变化基本一致,2008 年金融危机对我国上市公司产生了较大影响,2009 年进一步加重,从 2010 年开始经济开始复苏。因此,经理代理成本的变化可能与经济周期有一定的联系。

表 5.3 变量均值分年度统计情况

变量	2007 年	2008 年	2009 年	2010 年	2011 年
MER	0.0727	0.0790	0.0820	0.0783	0.0792
OER1	0.1263	0.1340	0.1401	0.1337	0.1350
OER2	0.1488	0.1611	0.1625	0.1551	0.1601
TAR	0.8272	0.7974	0.7320	0.7944	0.8026

（三）集团控制上市公司与独立上市公司均值检验

表 5.4 是集团控制上市公司与独立上市公司经理代理成本的均值检验。从均值检验结果来看，独立上市公司的经理代理成本显著大于集团控制上市公司，经理代理成本的四个指标检验结果一致。按照不同产权性质划分的独立上市公司经理代理成本也显著大于集团控制上市公司，即中央独立上市公司经理代理成本大于中央集团控制上市公司，地方独立上市公司经理代理成本大于地方集团控制上市公司，民营独立上市公司经理代理成本大于民营集团控制上市公司。这一检验结果没有支持假设 5.1。

（四）集团控制上市公司均值检验

表 5.5 是集团控制上市公司之间经理代理成本的均值检验。从均值检验结果来看，民营集团控制上市公司的经理代理成本显著大于国有集团控制上市公司，不支持假设 5-2。地方集团控制上市公司经理代理成本的均值显著大于中央集团控制上市公司，支持假设 5.3。

（五）相关性分析

表 5.6 是各主要变量的相关系数矩阵，从中可以看出各变量的线性相关程度。MER、OER1、OER2 和 TAR 四个变量两两之间的相关性较高，并且前三个指标均与 TAR 存在反向关系，说明被解释变量的选择是合理的。除了这四个被解释变量之间的相关系数较高之外，其他相关系数均在 0.5 以内，认为变量之间不存在多重共线性。相关系数矩

表 5.4　集团控制上市公司与独立上市公司均值检验结果

变量	集团企业	独立企业	t值	GPC	IC	t值	GPL	IL	t值	GPP	IP	t值
MER	0.0734	0.0932	11.0775***	0.0696	0.0878	-3.2161***	0.0715	0.0856	5.4557***	0.0796	0.0988	6.2168***
OER1	0.1277	0.1526	7.9734***	0.1134	0.1326	-1.9412**	0.1231	0.1359	2.8977***	0.1472	0.1658	3.4123***
OER2	0.1506	0.1783	8.3044***	0.1357	0.1456	-0.9186	0.1468	0.1713	5.1248***	0.1698	0.1863	2.9091***
TAR	0.8225	0.6939	-7.7876***	0.8445	0.6580	2.8703***	0.8354	0.6344	-7.68***	0.7830	0.7371	-1.9336**
N	4450	1460		1140	84		2013	550		1297	826	

注：***、**、*分别表示在1%、5%、10%的水平上显著，均值差异检验采用独立样本t检验。

表 5.5　集团控制上市公司均值检验结果

变量	国有集团企业	GPP	t值	GPC	GPL	t值	GPL	GPP	t值	GPP	GPP	t值
MER	0.0708	0.0796	4.7388***	0.0696	0.0715	-0.9725	0.0715	0.0796	-4.1456***	0.0796	0.0796	-3.9364***
OER1	0.1196	0.1472	8.4582***	0.1134	0.1231	-2.9322***	0.1231	0.1472	-7.8634***	0.1472	0.1472	-6.6408***
OER2	0.1428	0.1697	7.7928***	0.1357	0.1468	-3.1107***	0.1468	0.1697	-7.5142***	0.1697	0.1697	-6.0147***
TAR	0.8387	0.7830	-2.9894***	0.8445	0.8354	0.4251	0.8354	0.7830	2.6737***	0.7830	0.7830	2.6483***
N	3153	1297		1140	2013		2013	1297		1297	1297	

注：***、**、*分别表示在1%、5%、10%的水平上显著，均值差异检验采用独立样本t检验。

表5.6 主要变量相关系数矩阵

变量	MER	OER1	OER2	TAR	CR1	CR25	TS	FS	SPER
MER	1								
OER1	0.7969*	1							
OER2	0.7882*	0.9404*	1						
TAR	−0.4257*	−0.2935*	−0.3886*	1					
CR1	−0.1875*	−0.1890*	−0.2009*	0.0780*	1				
CR25	0.0352	0.0615*	0.0540*	0.0226	−0.3289*	1			
TS	0.0763*	0.0780*	0.0840*	−0.0392*	−0.3241*	−0.2104*	1		
FS	−0.0403*	0.0748*	0.0286*	0.1480*	−0.0497*	0.0860*	0.0482*	1	
Sper	−0.0542*	0.0083	0.0016	0.0626*	0.1107*	0.0165	−0.0304*	0.0126	1
Boar	−0.0924*	−0.1009*	−0.0807*	0.0193	0.0577*	0.0804*	−0.0578*	0.0545*	0.0097
ID	−0.004	0.0058	−0.0034	−0.0356*	0.017	−0.0381*	0.0467*	−0.0178	−0.0725*
NPay	−0.0331*	−0.0573*	−0.0511*	0.0218	0.1740*	−0.0488*	−0.0281*	−0.0693*	0.0223
MP	−0.0993*	−0.0768*	−0.1041*	0.1130*	0.0199	0.0832*	0.1492*	0.2959*	−0.0203
MS	0.0515*	0.0680*	0.0396*	0.0356*	−0.1131*	0.2964*	−0.2107*	−0.0008	−0.1300*
Dual	−0.0863*	−0.0926*	−0.0717*	0.0168	0.0752*	−0.0771*	0.0316*	−0.016	−0.0119
Lev	−0.3140*	−0.3308*	−0.2180*	0.1272*	0.0537*	−0.0969*	0.0837*	−0.0008	0.0165
SD	0.002	0.1253*	−0.0156	0.3444*	−0.0998*	−0.0058	−0.0201	0.0327*	0.0558*

续表

变量	MER	OER1	OER2	TAR	CR1	CR25	TS	FS	SPER
Audi	-0.0848*	-0.0513*	-0.0630*	0.0278*	0.0333*	-0.0001	-0.0333*	0.0410*	0.0022
Four	-0.0801*	-0.0596*	-0.0613*	0.0042	0.1473*	0.1274*	-0.0340*	0.0237	0.0514*
Law	0.011	-0.0027	-0.0326*	0.0455*	0.0348	0.016	0.1038*	-0.0578*	-0.0045
Pro	-0.0959*	-0.2281*	-0.1500*	-0.0572*	0.2513*	-0.0066	-0.1021*	-0.0686*	-0.0403*
Grou	-0.1426*	-0.1032*	-0.1074*	0.1008*	0.1748*	-0.1347*	0.0591*	0.0572*	0.1757*
State	-0.1100*	-0.1480*	-0.1260*	0.0347*	0.2301*	-0.1864*	0.0419*	0.0002	-0.2666*
Size	-0.3379*	-0.3388*	-0.2874*	0.0288*	0.2936*	-0.0601*	0.0434*	0.2173*	-0.0065
Grow	-0.1556*	-0.1416*	-0.1546*	0.1147*	0.0795*	0.0376*	-0.1021*	0.1045*	0.0001
Age	0.0461*	0.0316*	0.0513*	-0.0260*	-0.1316*	-0.3073*	0.3720*	-0.0165	-0.0126

注：* 表示在 5% 的水平上显著。未列示的其他变量相关系数矩阵见表 4.10。

阵中治理机制解释变量与经理代理成本被解释变量之间的相关性大多显著。从第二列各治理机制变量与 MER 相关系数的符号和显著性可以看出,CR1 与 MER 的相关系数为 -0.1875,并且显著,可以初步推断股权集中度越高经理代理成本越低。类似地,可以对下列关系作出初步判断:股权制衡度越高,经理代理成本越高;流通股比例增加会导致更高的经理代理成本;机构投资者持股比例增加可以有效抑制经理代理成本;两权分离度与经理代理成本负相关;董事会规模与经理代理成本负相关;独立董事比例与经理代理成本无显著关系;不领薪董事比例与经理代理成本显著负相关;高管薪酬与经理代理成本负相关,但是高管持股比例增加会加重经理代理成本;两职分设可以降低经理代理成本;长期债务融资比例与经理代理成本负相关,短期债务比例与经理代理成本无显著关系;清洁的审计意见和高质量审计师可以抑制经理代理成本;投资者法律保护与经理代理成本无显著关系;受保护行业的经理代理成本较低;集团控股形式与经理代理成本负相关等。不过,这些双变量符号及相关系数大小只能给出初步的变量关系,并不完全符合预期假设,需要在回归模型中做最终检验。

第三节　实证模型及结果

一、具体模型构建

模型的构建依据详见第四章,这里给出模型的构建过程。

对于假设 5-1 的检验,构建模型(5.1)至模型(5.4),考察全样本下集团控制上市公司经理代理成本和独立上市公司的差异。其中,模型

（5.1）和模型（5.3）以 MER 为被解释变量，模型（5.2）和模型（5.4）以 TAR 为被解释变量。同时，从模型（5.1）至模型（5.4）也可看出全样本下治理机制的效应。

$$\text{MER}_{it} = \beta_0 + \sum \beta_k \text{CG}_{it} + \beta_{18}\text{Grou}_{it} + \beta_{19}\text{Stat}_{it} + \beta_{20}\text{Grou}_{it} * \text{Stat}_{it} + \beta_{21}\text{Size}_{it} + \beta_{22}\text{Grow}_{it} + \beta_{23}\text{Age}_{it} + \sum \text{Year} + \sum \text{Indu} + \mu_i + \varepsilon_{it}$$
$$(5.1)$$

$$\text{TAR}_{it} = \beta_0 + \sum \beta_k \text{CG}_{it} + \beta_{18}\text{Grou}_{it} + \beta_{19}\text{Stat}_{it} + \beta_{20}\text{Grou}_{it} * \text{Stat}_{it} + \beta_{21}\text{Size}_{it} + \beta_{22}\text{Grow}_{it} + \beta_{23}\text{Age}_{it} + \sum \text{Year} + \sum \text{Indu} + \mu_i + \varepsilon_{it}$$
$$(5.2)$$

$$\text{MER}_{it} = \beta_0 + \sum \beta_k \text{CG}_{it} + \beta_{18}\text{GPC}_{it} + \beta_{19}\text{GPL}_{it} + \beta_{20}\text{GPP}_{it} + \beta_{21}\text{IC}_{it} + \beta_{22}\text{IL}_{it} + \beta_{23}\text{Size}_{it} + \beta_{24}\text{Grow}_{it} + \beta_{25}\text{Age}_{it} + \sum \text{Year} + \sum \text{Indu} + \mu_i + \varepsilon_{it}$$
$$(5.3)$$

$$\text{TAR}_{it} = \beta_0 + \sum \beta_k \text{CG}_{it} + \beta_{18}\text{GPC}_{it} + \beta_{19}\text{GPL}_{it} + \beta_{20}\text{GPP}_{it} + \beta_{21}\text{IC}_{it} + \beta_{22}\text{IL}_{it} + \beta_{23}\text{Size}_{it} + \beta_{24}\text{Grow}_{it} + \beta_{25}\text{Age}_{it} + \sum \text{Year} + \sum \text{Indu} + \mu_i + \varepsilon_{it}$$
$$(5.4)$$

对于假设 5.2 和假设 5.3 的检验，构建模型（5.5）、模型（5.6），考察集团控制子样本下不同产权性质上市公司经理代理成本的差异，其中，模型（5.5）以 MER 为被解释变量，模型（5.6）以 TAR 为被解释变量。模型（5.5）、模型（5.6）同时用来检验集团控制子样本下治理机制对经理代理成本的抑制效应，对假设 5.4 至假设 5.20 进行检验。

$$\text{MER}_{it} = \beta_0 + \sum \beta_k \text{CG}_{it} + \beta_{18}\text{GPC}_{it} + \beta_{19}\text{GPL}_{it} + \beta_{20}\text{Grow}_{it} + \beta_{21}\text{Size}_{it} + \beta_{22}\text{Age}_{it} + \sum \text{Year} + \sum \text{Indu} + \mu_i + \varepsilon_{it}$$
$$(5.5)$$

$$\text{TAR}_{it} = \beta_0 + \sum \beta_k \text{CG}_{it} + \beta_{18}\text{GPC}_{it} + \beta_{19}\text{GPL}_{it} + \beta_{20}\text{Grow}_{it} + \beta_{21}\text{Size}_{it} + \beta_{22}\text{Age}_{it} + \sum \text{Year} + \sum \text{Indu} + \mu_i + \varepsilon_{it}$$
$$(5.6)$$

在上述模型中，被解释变量经理代理成本具体为管理费用率（MER）和总资产周转率（TAR）。主要的解释变量是各治理机制变量（CG）、集团控制变量（Grou）、中央集团控制（GPC）、地方集团控制（GPL）、民营集团控制（GPP）［在模型（5.5）和模型（5.6）中作为对照组〕。其中 CG 是公司治理机制解释变量,具体包括股权结构:股权集中度(CR1)、股权制衡度(CR2-5)、流通股比例(TS)、机构投资者持股比例(FS)、两权分离度(Sper);董事会机制:董事会规模(Boar)、独立董事比例(ID)、不领薪董事比例(NPay);管理层激励机制:高管薪酬(MP)、高管持股比例(MS)、两职合一情况(Dual);债权融资机制:资产负债率(Lev)、债务期限结构(SD);信息披露机制:审计意见清洁度(Audi)、审计意见质量(Four);投资者法律保护(Law);产品市场竞争(Pro)。控制变量:公司规模(Size)、成长性(Grow)、公司上市年限(Age),以及年度(Year)和公司所处行业(Indu)。

二、模型估计结果

表 5.7 给出了模型(5.1)至模型(5.6)的回归结果,6 个模型整体上均具有统计显著性。固定效应似然比检验显著,拒绝了混合效应,随机效应 Hausman 检验显著,拒绝了随机效应,最终确定固定效应。除了模型(5.6)的 DW 值相对较低外,其他模型的 DW 值均大致接近于 2,基本消除了序列相关问题。调整后的 R^2 较高,表明模型具有较强解释力。

表 5.7　集团控制与经理代理成本(MER、TAR)

解释变量	模型(5.1)	模型(5.2)	模型(5.3)	模型(5.4)	模型(5.5)	模型(5.6)
	MER	TAR	MER	TAR	MER	TAR
常数项	0.1884***	2.6399***	0.1859***	2.6388***	0.3102***	2.1361***
	(−12.9134)	(−17.8252)	(12.3984)	(18.1965)	(5.0657)	(5.8961)
CR1	−0.0214***	0.1506***	−0.0210***	0.1461***	−0.0148	0.0452
	(−10.9227)	(3.4215)	(−10.5351)	(3.3)	(−0.9376)	(0.539)
CR2−5	−0.0130***	0.0086	−0.0131***	0.0097	−0.0019	−0.1728*
	(−5.2714)	(0.1421)	(−5.6923)	(0.1593)	(−0.2526)	(−1.6897)
FS	−0.0026	0.2018***	−0.0026	0.2018***	−0.0016	0.2971***
	(−0.8367)	(6.2739)	(−0.8299)	(6.4759)	(−0.1776)	(2.8439)

续表

解释变量	模型(5.1)	模型(5.2)	模型(5.3)	模型(5.4)	模型(5.5)	模型(5.6)
	MER	TAR	MER	TAR	MER	TAR
TS	−0.0011	0.006	−0.001	0.0068	−0.0016	−0.0228
	(−1.675)	(1.3362)	(−1.3996)	(1.3228)	(−0.8731)	(−1.0503)
Sper	−0.0042	0.0607***	−0.0044	0.0729***	−0.0086	0.0533
	(−1.3357)	(3.8892)	(−1.3071)	(5.0649)	(−0.6802)	(1.3138)
Boar	0.0007***	−0.0087***	0.0007***	−0.0088***	0.0008**	−0.0108
	(11.9977)	(−7.7266)	(14.7213)	(−8.0014)	(2.1948)	(−1.5179)
ID	−0.0047	−0.0771***	−0.0053	−0.0692***	−0.0202***	0.0612
	(−1.3366)	(−4.595)	(−1.4671)	(−4.1174)	(−3.1828)	(0.3113)
NPay	0.0007	0.0148*	0.0007	0.0173**	−0.0046	0.0418
	(1.0361)	(1.8601)	(1.0083)	(2.2049)	(−1.2403)	(1.1329)
MP	−0.00003	0.0560***	0.00002	0.0561***	−0.0023	0.0697***
	(−0.0526)	(33.1331)	(0.032)	(32.1698)	(−1.2345)	(9.1408)
MS	−0.0315***	0.0999***	−0.0313***	0.1006***	−0.0666***	0.1677***
	(−4.6308)	(2.7785)	(−4.6217)	(2.8766)	(−4.0262)	(3.4633)
Dual	−0.0009***	0.0186***	−0.0010***	0.0188***	−0.0021*	0.0198**
	(−3.2811)	(4.3712)	(−3.3059)	(4.5)	(−1.855)	(2.0946)
Lev	0.0011	0.0063	0.0012	0.0046	0.0026	0.0751
	(0.5918)	(0.3975)	(0.6997)	(0.317)	(0.1621)	(1.1411)
SD	−0.0121***	0.1624***	−0.0122***	0.1612***	−0.0148***	0.2554***
	(−6.7978)	(8.0542)	(−6.9745)	(8.096)	(−2.6133)	(6.1542)
Audi	−0.0052***	0.0265***	−0.0051***	0.0269***	−0.0102**	0.0705***
	(−16.3843)	(2.5793)	(−15.837)	(2.5935)	(−2.2527)	(3.0743)
Four	−0.0026***	−0.0134***	−0.0026***	−0.0126**	−0.0029	−0.0079
	(−3.1388)	(−2.4288)	(−3.0719)	(−1.9975)	(−1.0016)	(−0.5562)
Pro	−0.0022	0.0075	−0.0018	0.0072	0.0101**	−0.0474**
	(−1.0278)	(1.0913)	(−0.7926)	(1.0709)	(2.3553)	(−2.168)

续表

解释变量	模型(5.1) MER	模型(5.2) TAR	模型(5.3) MER	模型(5.4) TAR	模型(5.5) MER	模型(5.6) TAR
Law	0.0006*** (7.2062)	−0.0085*** (−14.4481)	0.0006*** (7.0933)	−0.0085*** (−12.4544)	0.0001 (0.2619)	−0.0088*** (−3.7093)
Grou	0.0073*** (4.615)	−0.0455* (−1.6959)				
State	0.0004 (0.3846)	−0.0331 (−1.0819)				
Grou * State	−0.0063*** (−4.1795)	0.0867*** (3.3561)				
GPC			0.0034* (1.7087)	−0.009 (−0.2723)	0.0003 (0.0637)	0.0223 (0.5343)
GPL			0.0021 (1.257)	0.0111 (0.3585)	0.0036 (0.675)	0.0899*** (4.9882)
GPP			0.0075*** (4.7411)	−0.0478* (−1.703)		
IC			0.0116*** (4.7412)	−0.0769*** (−3.3916)		
IL			−0.000005 (−0.0059)	−0.0307 (−0.971)		
Grow	−0.0146*** (−13.2101)	0.1411*** (14.2182)	−0.0146*** (−13.6957)	0.1411*** (14.4846)	−0.0157*** (−6.3973)	0.1622*** (6.6872)
Size	−0.0043*** (−6.6069)	−0.1465*** (−22.622)	−0.0043*** (−6.4421)	−0.1465*** (−23.4249)	−0.0073*** (−3.0845)	−0.1551*** (−13.3446)
Age	−0.0001 (−0.3037)	0.0439*** (17.7099)	−0.0002 (−0.3407)	0.0439*** (17.6986)	−0.0008 (−0.4137)	0.0835*** (9.1753)
Ind&Year	control	control	control	control	control	control
N	5910	5910	5910	5910	4450	4450

解释变量	模型(5.1)	模型(5.2)	模型(5.3)	模型(5.4)	模型(5.5)	模型(5.6)
	MER	TAR	MER	TAR	MER	TAR
$Adj-R^2$	0.9594	0.9800	0.9599	0.9801	0.8389	0.9101
F 值	114.5761***	237.0707***	115.8615***	237.4471***	25.3051***	48.2394***
DW	1.8072	1.6167	1.8123	1.6151	1.9157	1.3495
FELRT	83.1987***	140.0577***	83.1295***	138.1867***	18.0920***	30.9425***
REHT	211.42***	431.04***	212.18***	431.38***	175.7883***	380.7261***

注：***、**、*分别表示在 1％、5％、10％的水平上显著；括号内为 t 值（双尾），并经 White 异方差调整。FELRT(Fixed Effects Likelihood Ratio Test)为模型固定效应似然比检验对应的 F 值及显著性，REHT(Random Effects Hausman Test)为模型随机效应豪斯曼检验对应的卡方值及显著性。

以上是对模型整体统计性质做出的说明，下面对模型的估计结果进行具体分析。

假设 5.1 成立。模型(5.1)中 Grou 的系数为正，并且显著，模型 2 中 Grou 的系数为负，并且显著。因此，从全样本来看，集团控制上市公司比独立上市公司具有更高的管理费用率和更低的总资产周转率，即集团控制上市公司比独立上市公司具有更高的经理代理成本。

假设 5.1a 不成立。模型(5.3)中，对 GPL 和 IL 的系数进行系数差异显著性检验（Wald 检验），F 值为 2.6589，p 值为 0.103，并不显著，说明地方集团控制上市公司与地方独立上市公司的管理费用率无显著性差异。模型(5.4)中，对 GPL 和 IL 的系数进行系数差异显著性检验（Wald 检验），F 值为 791.4296，p 值为 0，显著，说明地方集团控制上市公司比地方独立上市公司具有更高的总资产周转率。因此，地方集团控股在一定程度上解决了所有者缺位问题，相比而言，企业集团控股形式可以对上市公司的管理层起到有效监督作用。

假设 5.1b 成立。模型(5.3)中 GPP 的系数为正，并且显著，模型(5.4)中 GPP 的系数为负，并且显著，因此，民营集团控制上市公司比民营独立上市公司具有更高的经理代理成本。

假设 5.2 不确定。从模型(5.5)中 GPC、GPL 的系数来看,均为正,说明国有集团控制上市公司比民营集团具有更高的管理费用率,但结果并不显著。从模型(5.6)中 GPC、GPL 的系数来看,国有集团控制上市公司比民营集团控制上市公司具有更高的总资产周转率,并且 GPL 的系数显著为正,表明地方集团控制上市公司比民营集团控制上市公司具有更好的资产周转能力。

假设 5.3 不确定。分别对模型(5.5)、模型(5.6)中 GPC 与 GPL 的系数进行系数差异显著性检验,结果发现差异是显著的。模型(5.5)的结果表明,地方集团控制上市公司比中央集团控制上市公司具有更高的管理费用率,但是模型(5.6)的结果却表明地方集团控制上市公司比中央集团控制上市公司具有更高的总资产周转率,也就是说,更高的管理费用率可能是更高的总资产周转率的结果。

假设 5.2 和假设 5.3 需要进一步的检验。

模型(5.5)(以管理费用率 MER 为被解释变量)和模型(5.6)(以总资产周转率 TAR 为被解释变量)分别从正反两方面来反映治理机制与经理代理成本的关系,一并考察模型(5.5)和模型(5.6)的回归结果,一致性的结果更容易获得稳健性的结论。对集团控制上市公司治理机制对经理代理成本的效应进行总体分析,结论如下:股权集中度与管理费用率负相关,与总资产周转率正相关,但是并不显著,因此假设 5.4 获得了较弱的证据支持。股权制衡度与管理费用率和总资产周转率均负相关,作用是模糊的,一方面制约了经理代理成本,但也降低了总资产周转效率。机构投资者比例与管理费用率负相关与总资产周转率正相关,并且显著,因此机构投资者能够对管理层起到监督作用,假设 5.6 成立。流通股比例效应与股权制衡度类似,作用是模糊的。两权分离度能够抑制经理代理成本,提升运营效率,但是不显著。

因此,在股权结构安排中,假设 5.6 成立,假设 5.4、假设 5.8 获得了弱证据支持,假设 5.5、假设 5.7 的效应是模糊的,尚待进一步检验。

董事会规模与管理费用率正相关,并且显著,与资产周转率负相关。因此假设 5.9 得到否定,即大规模的董事会导致监督的无效率,引致经理代理成本升高、资产运营低效。独立董事比例与管理费用率负相关,并且显著,与资产周转率正相关,但不显著,前后获得一致的证据支持,因此,假设 5.10 成立。不领薪董事比例可以制约经理代理成本,提升资产周转率,但是两者均不显著,因此,假设 5.11 获得了较弱的证据支持。两职分设可以有效地降低经理代理成本,并且提升运营效率,两者均显著,假设 5.12 得到了显著支持。

因此,在董事会机制中,否定假设 5.9,支持假设 5.10、假设 5.12,弱支持假设 5.11。

高管激励机制对集团控制上市公司整体是有效的。高管薪酬与管理费用率负相关但不显著,与资产周转率正相关并且显著,因此支持假设 5.13。高管持股比例与管理费用率负相关,与资产周转率正相关,均显著,支持假设 5.14。

在债权融资机制中,资产负债率与管路费用率和资产周转率均正相关,但都不显著,因此,假设 5.15 不确定。流动负债比例与管理费用率负相关,与资产周转率正相关,均显著,因此在债务期限结构中,提升短期债务比例,即缩短债务期限结构能够有效降低经理代理成本,支持假设 5.16。

在信息披露机制中,审计意见清洁度能够有效制约经理代理成本,支持假设 5.17。但是审计意见质量的效应是模糊的,假设 5.18 不确定,从第四章的描述性统计中,可以看出可能的原因是我国集团控制上市公司聘请"四大"会计师事务所审计的比例较低,且集中在中央集团控制上市公司。

从模型(5.5)和模型(5.6)中,可以看出受保护行业具有更高的管理费用率和更低的资产周转率。因此,假设 5.19 成立,即提高产品市场竞争程度可以有效地对管理层起到制约作用,从而降低经理代理成本,提升资产运营效率。

假设 5.20 不成立。模型(5.5)中 Law 的系数为正,但不显著,表明投资者法律保护程度高的地区,反而经理代理成本高。模型(5.6)中 Law 的系数为负,并且显著,表明投资者法律保护高的地区,总资产周转率反而较低。

另外,从模型(5.1)至模型(5.6)的控制变量来看,公司的成长性与经理代理成本显著负相关,即成长性高的公司具有更低的经理代理行为。公司的上市时间也与经理代理成本显著负相关,随着上市时间的增加,公司的治理更加成熟,能够有效抑制经理代理行为。公司的规模与管理费用率显著负相关,但与总资产周转率也显著负相关,并没有得到一致的结论,表明公司的规模对经理代理成本的制约尚待进一步检验。

第四节　稳健性检验

从表 5.7 中模型(5.1)至模型(5.6)的估计结果来看,直接(MER为被解释变量)、间接(TAR 为被解释变量)衡量经理代理成本的代理模型基本上得到了一致的结果,表明模型结论已比较稳健。当然假设 5.2、假设 5.3、假设 5.5、假设 5.7、假设 5.15、假设 5.18 等存在不确定性,尚需更多证据验证模型的稳健性。为了进一步验证模型的稳健性,将模型(5.1)至模型(5.6)中的被解释变量更换为 OER1 和 OER2,分别进行回归和模型设定检验,得到了如下模型(5.7)至模型(5.12)的回归结果(见表 5.8)。

表 5.8　集团控制与经理代理成本(OER1、OER2)

解释变量	模型(5.7)	模型(5.8)	模型(5.9)	模型(5.10)	模型(5.11)	模型(5.12)
	OER1	OER2	OER1	OER2	OER1	OER2
常数项	0.3321***	0.2633***	0.3299***	0.2609	0.5190***	0.4380***
	(−26.0531)	(−10.8022)	(−24.735)	(−10.2947)	(−5.3988)	(−3.8398)

续表

解释变量	模型(5.7)	模型(5.8)	模型(5.9)	模型(5.10)	模型(5.11)	模型(5.12)
	OER1	OER2	OER1	OER2	OER1	OER2
CR1	-0.0336^{***}	-0.0457^{***}	-0.0335^{***}	-0.0455^{***}	-0.0239	-0.0325
	(-10.5101)	(-11.1304)	(-10.0376)	(-11.2138)	(-1.1212)	(-1.1008)
CR2−5	-0.0129^{***}	-0.0131^{***}	-0.0128^{***}	-0.0129^{***}	0.0041	-0.0003
	(-5.0267)	(-3.3301)	(-5.0711)	(-3.2147)	(0.285)	(-0.0238)
FS	-0.0081^{**}	-0.0164^{***}	-0.0082^{**}	-0.0162^{***}	-0.0095	-0.0148
	(-2.0393)	(-5.1219)	(-2.0562)	(-5.1326)	(-0.6755)	(-1.3386)
TS	0.0002	-0.0012^{***}	0.0003	-0.0010^{**}	-0.0031	-0.0023
	(0.3058)	(-3.7996)	(0.3903)	(-2.4393)	(-1.4364)	(-0.5478)
Sper	-0.0096	0.0007	-0.0107	0.0004	-0.0202	-0.0159
	(-1.2159)	(0.1245)	(-1.2797)	(0.0554)	(-0.8798)	(-0.7576)
Boar	0.0013^{***}	0.0014^{***}	0.0013^{***}	0.0013^{***}	0.0017	0.0022^{*}
	(12.1369)	(9.2503)	(12.5106)	(9.4061)	(1.6231)	(1.9121)
ID	-0.0119^{***}	-0.0102	-0.0125^{***}	-0.0117	-0.0182	-0.021
	(-6.137)	(-1.3157)	(-5.5981)	(-1.4793)	(-0.9115)	(-1.3017)
NPay	0.0036	0.0051^{***}	0.0034	0.0050^{***}	-0.0007	-0.0004
	(1.6421)	(4.1571)	(1.5713)	(3.5732)	(-0.1044)	(-0.0653)
MP	0.0007	-0.0018^{***}	0.0008	-0.0018^{***}	-0.0031	-0.0066^{**}
	(1.2361)	(-3.3061)	(1.3259)	(-3.0528)	(-1.2429)	(-2.308)
MS	-0.0415^{***}	-0.0466^{***}	-0.0414^{***}	-0.0466^{***}	-0.1033^{***}	-0.0956^{***}
	(-4.2645)	(-5.2184)	(4.2225)	(-5.2058)	(-3.4351)	(-3.1114)
Dual	-0.0017^{**}	-0.0030^{***}	-0.0017^{**}	-0.0030^{***}	-0.0049^{**}	-0.0062^{**}
	(-2.5609)	(-3.9464)	(-2.4763)	(-3.8542)	(-2.1149)	(-2.1427)
Lev	0.0090^{***}	0.0554^{***}	0.0090^{***}	0.0555^{***}	0.0187	0.0738^{***}
	(2.7522)	(10.5397)	(2.8601)	(10.58)	(1.0969)	(4.2304)
SD	-0.0066^{***}	-0.0127^{***}	-0.0067^{***}	-0.0127^{***}	-0.0131	-0.0245^{**}
	(-4.2453)	(-3.6819)	(-4.3014)	(-3.7221)	(-1.2371)	(-1.9615)
Audi	-0.0076^{***}	-0.0042^{***}	-0.0073^{***}	-0.0042^{**}	-0.0126^{**}	-0.0185^{***}
	(-4.1547)	(-2.4703)	(-4.2712)	(-2.4437)	(-2.4474)	(-2.7723)
Four	0.0002	-0.0025^{***}	0.0002	-0.0026^{***}	0.0029	0.0034
	(0.3995)	(-3.6555)	(0.3037)	(-3.6724)	(0.7336)	(1.0953)

续表

解释变量	模型(5.7)	模型(5.8)	模型(5.9)	模型(5.10)	模型(5.11)	模型(5.12)
	OER1	OER2	OER1	OER2	OER1	OER2
Pro	−0.0066***	−0.0073*	−0.0065***	−0.0066	0.0190***	0.0115***
	(−2.6717)	(−1.6774)	(−2.6997)	(−1.5208)	(4.5446)	(3.9122)
Law	0.0009***	0.0014***	0.0009***	0.0014***	0.0004	0.0008
	(8.7527)	(7.7042)	(8.6902)	(7.6169)	(0.6825)	(1.1385)
Grou	0.0085***	0.0011				
	(4.6582)	(0.5854)				
State	0.0012	0.003				
	(0.8082)	(0.789)				
Grou * State	−0.0097***	−0.0080***				
	(−6.7233)	(−2.7877)				
GPC			0.0013	−0.0015	0.0015	0.0083
			(0.8111)	(−0.6269)	(0.1781)	(0.9292)
GPL			−0.0006	−0.0032	0.0068	0.0128
			(−0.4165)	(−1.1692)	(0.7273)	(1.5772)
GPP			0.0080***	0.0021		
			(5.9096)	(1.2484)		
IC			0.0160**	0.0175***		
			(2.4146)	(6.0311)		
IL			0.0003	−0.0002		
			(0.3932)	(−0.081)		
Grow	−0.0212***	−0.0257***	−0.0212***	−0.0258***	−0.0210***	−0.0265***
	(−15.2748)	(−12.54)	(−15.5681)	(−12.9135)	(−5.3285)	(−6.0068)
Size	−0.0089***	−0.0048***	−0.0088***	−0.0047***	−0.0144***	−0.0097**
	(−25.7751)	(−9.2183)	(−26.7171)	(−9.0911)	(−3.9026)	(−2.2097)
Age	−0.0009	0.0023	−0.0009	0.0022	−0.0016	0.0023
	(−0.7568)	(0.9798)	(−0.7745)	(0.9736)	(−0.4216)	(0.4304)
Ind&Year	control	control	control	control	control	control
N	5910	5910	5910	5910	4450	4450
Adj-R^2	0.9823	0.9708	0.9822	0.9709	0.8826	0.8598

续表

解释变量	模型(5.7)	模型(5.8)	模型(5.9)	模型(5.10)	模型(5.11)	模型(5.12)
	OER1	OER2	OER1	OER2	OER1	OER2
F-Value	267.8352***	161.0655***	265.8180***	161.1588***	36.0983***	29.641***
DW	1.7783	1.8025	1.7811	1.8034	1.9276	1.7984
FELRT	154.5679***	113.9307***	153.0307***	113.9307***	22.9294***	20.6712***
REHT	294.43***	283.55***	298.04***	288***	304.2587***	274.9991***

注：***、**、*分别表示在 1%、5%、10%的水平上显著；括号内为 t 值（双尾），并经 White 异方差调整。FELRT(Fixed Effects Likelihood Ratio Test)为模型固定效应似然比检验对应的 F 值及显著性，REHT(Random Effects Hausman Test)为模型随机效应豪斯曼检验对应的卡方值及显著性。

从模型(5.7)和模型(5.8)中 Grou 的系数来看，支持假设 5.1 成立。

假设 5.1a 不成立。模型(5.9)和模型(5.10)中 GPL 的系数均小于 IL 的系数，说明地方控制上市公司的经营费用率低于地方独立上市公司，但需要系数差异性检验。模型(5.9)中，对 GPL 和 IL 的系数进行系数差异显著性检验（Wald 检验），F 值为 0.4279，p 值为 0.513，并不显著，说明地方集团控制上市公司与地方独立上市公司的 OER1 无显著性差异。模型 10 中，对 GPL 和 IL 的系数进行系数差异显著性检验（Wald 检验），F 值为 5.4067，p 值为 0.0201，在 5%的水平上显著，说明地方集团控制上市公司比地方独立上市公司具有更低的经营费用率（OER2）。进一步支持了模型(5.3)和模型(5.4)中关于假设 5.1a 不成立的实证结论。也就是说，地方集团控股在一定程度上解决了所有者缺位问题，相比而言，企业集团控股形式可以对上市公司的管理层起到有效的监督作用，表现结果为更低的经营费用率和更高的总资产周转率。

从模型(5.9)和模型(5.10)中 GPP 的系数来看，支持假设 5-1b 成立。

从模型(5.11)和模型(5.12)中 GPC、GPL 的系数来看，国有集团控制上市公司经理代理成本大于民营集团控制上市公司,系数并不显著,因此,假设 5.2 得到了弱证据支持。对模型(5.11)中 GPC、GPL 的系数进行系数差异显著性检验(Wald 检验),F 值为 1.0279,p 值为 0.3107,不显著。对模型(5.12)中 GPC、GPL 的系数进行系数差异显著性检验(Wald 检验),F 值为 0.5795,p 值为 0.4466,不显著,因此,模型(5.11)和模型(5.12)中 GPC 系数小于 GPL 系数,但差异不显著,假设 5.3 得到了弱证据支持。

下面对模型(5.11)和模型(5.12)有关假设 5.4 至假设 5.20 进行稳健性结果汇总。假设 5.9、假设 5.15 被否定;假设 5.12、假设 5.13、假设 5.14、假设 5.16、假设 5.17、假设 5.19 被支持;弱证据支持假设 5.4、假设 5.6、假设 5.7、假设 5.8、假设 5.10、假设 5.11;假设 5.5 不确定,股权制衡度与 OER1 弱正相关,但与经营费用率 2 弱负相关;假设 5.18 和假设 5.20 被弱证据否定。总体与模型(5.1)至模型(5.6)关于假设的检验结果一致。

在稳定性检验模型中,可以发现控制变量企业成长性对经理代理成本的抑制是稳健的。在由管理费用率扩大到包含营业费用,进一步扩大到包含三大期间费用的情况下,公司的规模变量变得显著起来,但公司的上市时间变量则由显著负相关到弱负相关,再到正相关。

第五节　结　论

基于以上实证分析,可以得出以下结论:

第一,企业集团控制上市公司的经理代理成本高于独立上市公司。考虑到产权的异质性,民营集团控制上市公司经理代理成本显著高于民营独立上市公司,但地方集团控制上市公司的经理代理成本却小于地方独立上市公司。就抑制经理代理成本而言,集团控制的制度安排对国企是有效率的改进。

第二，国有集团控制上市公司的经理代理成本弱高于民营集团控制上市公司。进一步考虑到国有产权的细分，地方集团控制上市公司的经理代理成本高于中央集团控制上市公司。

第三，就公司治理机制对抑制经理代理成本的效果而言，集团控制上市公司的治理机制整体弱势有效。具体来说，高管薪酬、高管持股、两职分离、审计意见清洁度、短期负债比例、产品市场竞争等机制能够有效抑制经理代理成本。过大的董事会规模会导致对经理代理行为监督的无效率。资产负债率增加会加重经理代理问题。独立董事比例和股权制衡度对抑制经理代理成本的作用具有不确定性。其他治理机制可以约束经理代理行为，但作用并不明显。

本章小结

本章是揭示集团控制上市公司治理机制效应的第一个环节。在提出研究假设的基础上，通过构建以经理代理成本为被解释变量的面板数据模型，利用我国 2007—2011 年沪深 A 股上市公司面板数据样本，估计得出集团控制上市公司治理机制对经理代理成本的作用结果。

第六章
集团控制上市公司治理机制与股东代理成本

第一节　研究假设

一、集团控制与股东代理成本

　　集团形式大股东控制对上市公司影响的效应是混合的,既有支持效应也存在掏空效应。现有对新兴经济体集团控制效应的研究文献更加倾向于掏空观(李增泉等,2004;高雷等,2006;罗党论等,2007;刘星等,2010)。在新兴经济体中,投资者保护普遍较弱,企业集团复杂的网络结构、较高的股权集中度和两权分离度,导致多重多层代理关系,使得股东代理成本与经理代理成本并重,成为大股东侵占中小股东利益的一种设置。大股东以集团公司的形式出现,通过构造内部市场,使内部交易或关联交易行为更加隐蔽,更容易避开外部监管,于是,大股东侵占中小股东利益的掏空行为更容易在企业集团发生,集团公司成为与更严重的大股东利益侵占行为相联系的组织形式(郑国坚等,2012)。据此,本章提出以下假设:

假设 6.1：集团控制上市公司股东代理成本高于独立上市公司。

假设 6.1a：地方集团控制上市公司股东代理成本高于地方独立上市公司。

假设 6.1b：民营集团控制上市公司股东代理成本高于民营独立上市公司。

二、集团控制、产权性质与股东代理成本

集团控制的产权性质异质性所导致的股东代理成本后果存在差异。中央集团控制上市公司主要分布在关涉国家经济命脉的行业（见表 4.4 和表 4.5），受到包括中央政府和国内外媒体在内的广泛关注和监督（郝颖等，2009；郑国坚等，2012），中央政府对其投融资决策、资金往来等监控更为严密，股东代理成本因而得以制约。

根据第三章的分析，地方集团控制上市公司多源于剥离上市模式（邓建平等，2007），集团控股股东因而具有动机和能力掏空上市公司，展现"掠夺之手"。当地方集团控制上市公司出现融资约束或经营困境时，控股集团公司大股东也可能施以"援助之手"。但地方集团控制上市公司所受到的社会关注度、公司治理规范程度不及中央集团控制上市公司，因而，相比而言，其受到的监管程度要弱。

在我国当前的信贷体制下，民营企业集团更容易受到融资约束（张宁，2008），在投资者法律保护较弱的背景下，集团大股东掏空行为交易成本较小，因而民营集团控股股东具有更强烈的动机掏空上市公司。即使存在民营集团控股对上市公司的支持行为，也可能是虚假支持，其目的是可能是保持上市公司不被摘牌继续发挥融资窗口功能，以便将来再次掏空（郝颖等，2009）。因此，民营集团控制上市公司股东代理问题更为严重。

根据以上分析，本章提出如下假设：

假设 6.2：民营集团控制上市公司股东代理成本高于国有集团控制

上市公司。

假设 6.3：中央集团控制上市公司股东代理成本低于地方集团控制上市公司。

三、集团控制上市公司治理机制与股东代理成本

（一）股权结构

李增泉等（2004）实证研究发现，股权集中度与控股股东资金占用间存在倒 U 形关系，股权制衡度能够抑制控股股东资金占用，企业集团控股上市公司的资金占用问题更加突出，其中国有集团控股上市公司的资金问题比非国有集团控股上市公司的严重。曾庆生等（2006）实证研究发现，国有控股股东代理成本显著高于非国有控股公司，并且，在国有控股公司中，股权集中度与股东代理成本成正比，另外，国资委控股的股东代理成本显著高于其他国有控股公司。唐清泉等（2005）实证发现，企业集团作为大股东时的"隧道挖掘"效应更加明显，第二大股东能起到抑制第一大股东"隧道挖掘"行为的作用，机构投资者同样具有抑制"隧道挖掘"行为的作用。在我国资本市场有效性不足的背景下，流通股用脚投票的效应并不足以抑制大股东的掏空行为。两权分离度增加，大股东掏空动机将增强。因此，本章提出以下假设：

假设 6.4：股权集中度与股东代理成本正相关。

假设 6.5：股权制衡度与股东代理成本负相关。

假设 6.6：机构投资者持股比例与股东代理成本负相关。

假设 6.7：流通股比例与股东代理成本正相关。

假设 6.8：两权分离度与股东代理成本正相关。

（二）董事会

曾庆生等（2006）实证发现，董事会独立性在国有控股公司与非国有控股公司之间存在差异，但是对股东代理成本没有显著影响。唐清

泉等(2005)研究发现,独立董事对大股东的关联交易有抑制作用。因此本章提出以下假设:

假设 6.9:董事会规模与股东代理成本正相关。

假设 6.10:独立董事比例与股东代理成本负相关。

假设 6.11:公司不领薪董事比例与股东代理成本负相关。

假设 6.12:两职分离与股东代理成本负相关。

(三)高管激励

高管激励与大股东代理成本的相关性缺少有优势的实证文献。国有集团控制上市公司的经理一般由母公司派出,并且存在行政关系,因此,高管激励不足以抑制集团公司的资金占用,在薪酬存在限额的情况下,相反还有促进掏空的可能。民营集团控制的上市公司高管与母公司大股东存在高度的合一性,在我国控制权市场和经理人市场不发达的背景下,高管激励也不足以抑制大股东的资金占用。因此,本章提出以下假设:

假设 6.13:高管薪酬与股东代理成本正相关。

假设 6.14:高管持股比例与股东代理成本正相关。

(四)债权融资

根据自由现金流理论,债务存在会减少公司的自由现金流,从而减少大股东占用资金的机会。同时,大股东过度占用公司资金,可能使现金流中断,无法偿还债务本息而引起破产,将会使大股东失去控制权收益。因此,本章提出以下假设:

假设 6.15:资产负债率与股东代理成本负相关。

假设 6.16:短期债务比例与股东代理成本负相关。

(五)信息披露

严格的信息披露制度,将会揭示大股东掏空的行为,或者通过审计意见的清洁度来传递相关信息,从而减弱股东掏空行为。王克敏等

(2009)实证研究发现,公司信息透明度与大股东资金占用呈反向关系,信息透明度有助于降低信息不对称程度,降低股东代理成本。因此,本章提出以下假设:

假设 6.17:审计意见清洁度与股东代理成本负相关。

假设 6.18:审计师质量与股东代理成本负相关。

(六)产品市场竞争

在产品市场竞争激烈的市场环境中,企业的生存压力大,大股东为了控制权收益的长期存在会减少对企业的利益侵占。相反,如果企业处于垄断或受保护行业,不会因为侵占使企业破产,股东代理成本更大。因此,本章提出以下假设:

假设 6.19:产品市场竞争与股东代理成本负相关。

(七)投资者法律保护

王鹏(2008)、陈炜等(2008)实证发现,投资者保护水平能够削弱控股股东控制权和公司绩效的关联,减少控股股东对上市公司资金的占用。因此,本章提出以下假设:

假设 6.20:投资之法律保护程度与股东代理成本负相关。

第二节　变量选择与描述性统计

一、变量选择

股东代理成本是由于大股东或控制性股东的存在而导致的经济效率损失,源于大股东潜在的道德风险或机会主义行为触发了利益相关者之间的博弈机制(杨松武,2008),包括大股东违背企业价值最大化原则,对中小股东或其控制的上市公司进行利益侵占,直接造成的上市公司折价,以及预期受到利益侵占威胁的利益相关者理性减少对上市公司支持行为所造成的间接效率损失。对股东代理成本的衡量方法包括间接方法和直接方法。

基于控制权私人收益,间接衡量方法主要借助股票市场对控股股东性质、地位和行为的评价,通过股票价格溢折价来测度,具体分为占优股票权股票溢价(Zingales,1994;Nenova,2003)、大宗股票交易溢价(唐宗明等,2002;Dyck et al.,2004)、同类控股股东公司相比非控股股东公司的市场折价(Cronqvist et al.,2003;余明桂等,2007)、ST 公司累积超额收益率(Bai et al.,2003)等。

直接衡量法关注控股股东对上市公司直接利益的侵占或掏空,测度指标有关联交易规模(刘建民等,2007)、控股股东对上市公司的资金占用(李增泉等,2004;高雷等,2006;罗党论等,2007;王克敏等,2009;刘星等,2010)、上市公司向控股股东提供的贷款担保等。

本章实证模型以股东代理成本为被解释变量,解释变量的具体定义见第四章。对股东代理成本变量的选择,借鉴(李增泉等,2004;高雷等,2006;罗党论等,2007;王克敏等,2009;刘星等,2010)等相关研究,采用直接衡量法,将控股股东对上市公司的资金占用作为股东代理成本指标。考虑到控股股东存在掏空和支持上市公司的双重动机,同时采用资金占用率及净占用率,区分经营性资金占用和非经营性资金占用,因此,共设计四个指标(见表 6.1),其中核心分析指标是非经营性资金净占用率(OCC2)和总资金净占用率(OCC4),其中总资金净占用率可用来综合反映控股股东的资金占用情况。具体指标数据来自报表附注中关联方关系及其交易中披露的上市公司与上市公司母公司之间,以及与受同一母公司控制的其他企业之间所发生的应收应付款项年末余额。

表 6.1　变量定义

类型	符号	变量名称	变量定义
被解释变量	OCC1	非经营性资金占用率	其他应收款/总资产
	OCC2	非经营性资金净占用率	(其他应收款－其他应付款)/总资产
	OCC3	总资金占用率	应收款项/总资产
	OCC4	总资金净占用率	(应收款项－应付款项)/总资产

注:应收款、应付款均指企业与其控股股东关联交易中发生的费用。

二、描述性统计

(一)变量总体描述性统计

从表 6.2 可以看出,控股股东的非经营性资金占用率(OCC1)和总资金占用率(OCC3)。均大于零,非经营性资金净占用率(OCC2)和总资金净占用率(OCC4),均小于零,即从全体样本均值看来,控股股东主要表现为支持行为,而非掏空行为。

表 6.2　股东代理成本变量总体描述性统计

变量	均值	中值	最大值	最小值	标准差
OCC1	0.00058	0	0.02433	0	0.00297
OCC2	−0.00681	0	0.02151	−0.14091	0.02217
OCC3	0.00765	0.00002	0.16882	0	0.02341
OCC4	−0.00586	0	0.11638	−0.15928	0.03256

界定控股股东净资金占用率大于零为掏空行为,小于零为支持行为。表 6.3 的掏空与支持样本观测值个数表明,非经营性资金支持个

数和总资金支持个数均大于掏空的个数。在 5910 个观测值中,独立上市公司没有非经营性资金支持的样本,即非经营性资金支持行为主要发生在集团控制上市公司。除了中央独立上市公司之外,支持行为比较明显的是地方集团控制上市公司。

表 6.3 掏空与支持样本(观测值个数)分布 （单位:个）

变量	GPC	GPL	GPP	IC	IL	IP	合计
OCC2>0	184	207	103	6	34	39	573
OCC2<0	679	1170	532	0	0	0	2381
OCC4>0	410	521	281	11	80	109	1412
OCC4<0	599	1177	574	54	195	203	2802

(二)变量均值分年度统计

从表 6.4 可以看出 2007—2011 年控股股东资金占用情况的变化趋势。无论是非经营性资金净占用率还是总资金净占用率均值均为负数,说明控股股东更多地采取了支持行为,这可能与我国经济于该阶段受金融危机影响有关。总资金占用率(OCC3)在 2007—2009 年持续下降,从 2010 年开始呈逐步上升趋势。2008 年的总资金净占用率(OCC4)与 2007 年相比具有显著的提升,并且一直保持相对较高的水平。

表 6.4 2007—2011 年变量均值

变量	2007 年	2008 年	2009 年	2010 年	2011 年
OCC1	0.00078	0.00059	0.00053	0.00045	0.00055
OCC2	−0.00635	−0.00738	−0.00636	−0.00692	−0.00707
OCC3	0.00882	0.00742	0.00681	0.00770	0.00752
OCC4	−0.00350	−0.00655	−0.00653	−0.00621	−0.00652

（三）集团控制上市公司与独立上市公司均值检验

从表 6.5 可以看出,集团控制上市公司的非经营性资金占用率（OCC1）和总资金占用率（OCC3）显著高于独立上市公司,但集团控制上市公司的非经营性资金净占用率（OCC2）和总资金净占用率（OCC4）显著低于独立上市公司。地方集团控制上市公司的支持比例（OCC2 或 OCC4）显著高于地方独立上市公司,民营集团控制上市公司的支持比例（OCC2 或 OCC4）显著高于民营独立上市公司。

（四）集团控制上市公司均值检验

表 6.6 表明,从资金占用率均值比较来看,国有集团控制上市公司非经营性资金净占用率（OCC2）和总资金净占用率（OCC4）均显著低于民营集团控制上市公司。地方集团控制上市公司非经营性资金净占用率（OCC2）和总资金净占用率（OCC4）均显著低于中央集团控制上市公司。中央集团控制上市公司非经营性资金净占用率（OCC2）和总资金净占用率（OCC4）与民营集团控制上市公司之间无显著差异。因此,从均值检验来看,地方集团控制上市公司获得的支持力度最大。

（五）相关性分析

从表 6.7 主要变量相关系数矩阵可以看出,衡量股东代理成本的四个变量之间相关系数较大,尤其是 OCC2 与 OCC4 的相关系数,高达 0.7131。除此之外,各变量之间的相关系数均小于 0.5,表明各解释变量不存在严重的共线性问题。

表 6.5　集团控制上市公司与独立上市公司均值检验

变量	集团企业	独立企业	t值	GPC	IC	t值	GPL	IL	t值	GPP	IP	t值
OCC1	0.0007	0.0003	-4.4572***	0.0009	0.0001	2.0465**	0.0007	0.0005	-1.0048	0.0005	0.0001	-3.2113***
OCC2	-0.0073	-0.0053	2.9224***	-0.0064	-0.0081	0.7203	-0.0090	-0.0074	1.3335*	-0.0054	-0.0037	1.9986**
OCC3	0.0089	0.0039	-7.0994***	0.0166	0.0058	2.7617***	0.0070	0.0049	-2.2985**	0.0050	0.0031	-2.4485***
OCC4	-0.0064	-0.0042	2.1975**	-0.0032	-0.0162	2.9271***	-0.0100	-0.0057	2.6505***	-0.0036	-0.0021	1.3885*
N	4450	1460		1140	84		2013	550		1297	826	

注：***、**、* 分别表示在1%、5%、10%的水平上显著，均值差异检验采用独立样本 t 检验。

表 6.6　集团控制上市公司均值检验

变量	国有集团企业	GPP	t值	GPC	GPL	t值	GPC	GPP	t值	GPL	GPP	t值
OCC1	0.0007	0.0005	-2.3122**	0.0009	0.0007	2.1921**	0.0009	0.0005	3.0802***	0.0007	0.0005	1.3597*
OCC2	-0.0081	-0.0054	3.5948***	-0.0064	-0.0090	2.967***	-0.0064	-0.0054	-1.2596	-0.0090	-0.0054	-4.3367***
OCC3	0.0105	0.0050	-6.7439***	0.0166	0.0070	9.8756***	0.0166	0.0050	10.3237***	0.0070	0.0050	2.9675***
OCC4	-0.0075	-0.0036	3.5334***	-0.0032	-0.0100	5.0971***	-0.0032	-0.0036	0.3176	-0.0100	-0.0036	-5.7447***
N	3153	1297		1140	2013		1140	1297		2013	1297	

注：***、**、* 分别表示在1%、5%、10%的水平上显著，均值差异检验采用独立样本 t 检验。

表 6.7　主要变量相关系数矩阵

变量	OCC1	OCC2	OCC3	OCC4	CR1	CR25	TS	FS	SPER
OCC1	1								
OCC2	0.1322*	1							
OCC3	0.3068*	−0.0072	1						
OCC4	0.1833*	0.7131*	0.4383*	1					
CR1	0.0101	−0.1261*	0.1319*	−0.0985*	1				
CR25	0.0001	0.1030*	−0.0815*	0.0737*	−0.3289*	1			
TS	−0.0141	0.0321*	−0.0360*	0.0138	−0.3241*	−0.2104*	1		
FS	−0.0218	0.0526*	−0.0109	0.0182	−0.0497*	0.0860*	0.0482*	1	
Sper	0.0044	0.0246	0.0451*	0.0152	0.1107*	0.0165	−0.0304*	0.0126	1
Boar	0.0102	0.0452*	0.0680*	0.0128	0.0577*	0.0804*	−0.0578*	0.0545*	0.0097
ID	−0.0106	−0.0064	−0.0539*	−0.0123	0.017	−0.0381*	0.0467*	−0.0178	−0.0725*
NPay	0.0543*	−0.0824*	0.1496*	−0.0526*	0.1740*	−0.0488*	−0.0281*	−0.0693*	0.0223
MP	−0.0395*	0.0911*	−0.0675*	0.0388*	0.0199	0.0832*	0.1492*	0.2959*	−0.0203
MS	−0.0473*	0.0753*	−0.0893*	0.0438*	−0.1131*	0.2964*	−0.2107*	−0.0008	−0.1300*
Dual	0.0370*	−0.0251	0.0463*	−0.0290*	0.0752*	−0.0771*	0.0316*	−0.016	−0.0119
Lev	0.0211	−0.1302*	0.0261*	−0.1258*	0.0537*	−0.0969*	0.0837*	−0.0008	0.0165
SD	0.018	0.0217	0.0522*	0.0116	−0.0998*	−0.0058	−0.0201	0.0327*	0.0558*

续表

变量	OCC1	OCC2	OCC3	OCC4	CR1	CR25	TS	FS	SPER
Audi	−0.0561*	0.0416*	−0.0545*	−0.0122	0.0333*	−0.0001	−0.0333*	0.0410*	0.0022
Four	0.0178	0.0368*	−0.0055	0.0105	0.1473*	0.1274*	−0.0340*	0.0237	0.0514*
Law	−0.0434*	0.0088	−0.0608*	−0.0034	0.0348*	0.016	0.1038*	−0.0578*	−0.0045
Pro	0.0187	−0.0193	0.0199	−0.0778*	0.2513*	−0.0066	−0.1021*	−0.0686*	−0.0403*
Grou	0.0579*	−0.0380*	0.0920*	−0.0286*	0.1748*	−0.1347*	0.0591*	0.0572*	0.1757*
State	0.0540*	−0.0701*	0.1083*	−0.0656*	0.2301*	−0.1864*	0.0419*	0.0002	−0.2666*
Size	0.0073	−0.0116	0.0201	−0.0640*	0.2936*	−0.0601*	0.0434*	0.2173*	−0.0065
Grow	−0.01	−0.0518*	0.0043	−0.0385*	0.0795*	0.0376*	−0.1021*	0.1045*	0.0001
Age	0.0157	−0.0931*	0.0483*	−0.0499*	−0.1316*	−0.3073*	0.3720*	−0.0165	−0.0126

注：* 表示在 5% 的水平上显著。未列示的其他变量相关系数见表 4.10。

第三节　实证模型及结果

一、具体模型构建

模型的构建依据详见第四章,这里给出模型的构建过程。

对于假设 6-1 的检验,构建模型(6.1)至模型(6.8),考察全样本下集团控制上市公司股东代理成本和独立上市公司的差异。其中,核心是模型(6.4)和模型(6.8),模型(6.1)至模型(6.3)用以和模型(6.4)对照分析,模型(6.5)至模型(6.7)用以和模型(6.8)对照分析。模型(6.5)至模型(6.8)中,将全体样本分为六组(GPC、GPL、GPP、IC、IL、IP),其中民营独立上市公司(IP)为控制组。

$$OCC1_{it} = \beta_0 + \sum \beta_k CG_{it} + \beta_{18} Grou_{it} + \beta_{19} Stat_{it} + \beta_{20} Grou_{it} * Stat_{it} + \beta_{21} Size_{it} + \beta_{22} Grow_{it} + \beta_{23} Age_{it} + \sum Year + \sum Indu + \mu_i + \varepsilon_{it}$$

$$(6.1)$$

$$OCC2_{it} = \beta_0 + \sum \beta_k CG_{it} + \beta_{18} Grou_{it} + \beta_{19} Stat_{it} + \beta_{20} Grou_{it} * Stat_{it} + \beta_{21} Size_{it} + \beta_{22} Grow_{it} + \beta_{23} Age_{it} + \sum Year + \sum Indu + \mu_i + \varepsilon_{it}$$

$$(6.2)$$

$$OCC3_{it} = \beta_0 + \sum \beta_k CG_{it} + \beta_{18} Grou_{it} + \beta_{19} Stat_{it} + \beta_{20} Grou_{it} * Stat_{it} + \beta_{21} Size_{it} + \beta_{22} Grow_{it} + \beta_{23} Age_{it} + \sum Year + \sum Indu + \mu_i + \varepsilon_{it}$$

$$(6.3)$$

$$OCC4_{it} = \beta_0 + \sum \beta_k CG_{it} + \beta_{18} Grou_{it} + \beta_{19} Stat_{it} + \beta_{20} Grou_{it} * Stat_{it} + \beta_{21} Size_{it} + \beta_{22} Grow_{it} + \beta_{23} Age_{it} + \sum Year + \sum Indu + \mu_i + \varepsilon_{it}$$

$$(6.4)$$

$$\mathrm{OCC1}_{it} = \beta_0 + \sum \beta_k \mathrm{CG}_{it} + \beta_{18} \mathrm{GPC}_{it} + \beta_{19} \mathrm{GPL}_{it} + \beta_{20} \mathrm{GPP}_{it} + \beta_{21} \mathrm{IC}_{it} +$$
$$\beta_{22} \mathrm{IL}_{it} + \beta_{23} \mathrm{Size}_{it} + \beta_{24} \mathrm{Grow}_{it} + \beta_{25} \mathrm{Age}_{it} + \sum \mathrm{Year} + \sum \mathrm{Indu} + \mu_i + \varepsilon_{it}$$
$$(6.5)$$

$$\mathrm{OCC2}_{it} = \beta_0 + \sum \beta_k \mathrm{CG}_{it} + \beta_{18} \mathrm{GPC}_{it} + \beta_{19} \mathrm{GPL}_{it} + \beta_{20} \mathrm{GPP}_{it} + \beta_{21} \mathrm{IC}_{it} +$$
$$\beta_{22} \mathrm{IL}_{it} + \beta_{23} \mathrm{Size}_{it} + \beta_{24} \mathrm{Grow}_{it} + \beta_{25} \mathrm{Age}_{it} + \sum \mathrm{Year} + \sum \mathrm{Indu} + \mu_i + \varepsilon_{it}$$
$$(6.6)$$

$$\mathrm{OCC3}_{it} = \beta_0 + \sum \beta_k \mathrm{CG}_{it} + \beta_{18} \mathrm{GPC}_{it} + \beta_{19} \mathrm{GPL}_{it} + \beta_{20} \mathrm{GPP}_{it} + \beta_{21} \mathrm{IC}_{it} +$$
$$\beta_{22} \mathrm{IL}_{it} + \beta_{23} \mathrm{Size}_{it} + \beta_{24} \mathrm{Grow}_{it} + \beta_{25} \mathrm{Age}_{it} + \sum \mathrm{Year} + \sum \mathrm{Indu} + \mu_i + \varepsilon_{it}$$
$$(6.7)$$

$$\mathrm{OCC4}_{it} = \beta_0 + \sum \beta_k \mathrm{CG}_{it} + \beta_{18} \mathrm{GPC}_{it} + \beta_{19} \mathrm{GPL}_{it} + \beta_{20} \mathrm{GPP}_{it} + \beta_{21} \mathrm{IC}_{it} +$$
$$\beta_{22} \mathrm{IL}_{it} + \beta_{23} \mathrm{Size}_{it} + \beta_{24} \mathrm{Grow}_{it} + \beta_{25} \mathrm{Age}_{it} + \sum \mathrm{Year} + \sum \mathrm{Indu} + \mu_i + \varepsilon_{it}$$
$$(6.8)$$

对于假设 6.2 和假设 6.3 的检验,构建模型(6.9)至模型(6.12),将集团控制上市公司分为三组(GPC、GPL、GPP),其中民营集团控制上市公司(GPP)为控制组,考察集团控制子样本下不同产权性质上市公司股东代理成本的差异,其中,核心是模型(6.12),模型(6.9)至模型(6.11)用以和模型(6.12)对照分析。模型(6.12)同时用来检验集团控制子样本下治理机制对股东代理成本的抑制效应,对假设 6.4 至假设6.20 进行检验。

$$\mathrm{OCC1}_{it} = \beta_0 + \sum \beta_k \mathrm{CG}_{it} + \beta_{18} \mathrm{GPC}_{it} + \beta_{19} \mathrm{GPL}_{it} + \beta_{20} \mathrm{Grow}_{it} + \beta_{21} \mathrm{Size}_{it}$$
$$+ \beta_{22} \mathrm{Age}_{it} + \sum \mathrm{Year} + \sum \mathrm{Indu} + \mu_i + \varepsilon_{it}$$
$$(6.9)$$

$$\mathrm{OCC2}_{it} = \beta_0 + \sum \beta_k \mathrm{CG}_{it} + \beta_{18} \mathrm{GPC}_{it} + \beta_{19} \mathrm{GPL}_{it} + \beta_{20} \mathrm{Grow}_{it} + \beta_{21} \mathrm{Size}_{it}$$
$$+ \beta_{22} \mathrm{Age}_{it} + \sum \mathrm{Year} + \sum \mathrm{Indu} + \mu_i + \varepsilon_{it}$$
$$(6.10)$$

$$\mathrm{OCC3}_{it} = \beta_0 + \sum \beta_k \mathrm{CG}_{it} + \beta_{18} \mathrm{GPC}_{it} + \beta_{19} \mathrm{GPL}_{it} + \beta_{20} \mathrm{Grow}_{it} + \beta_{21} \mathrm{Size}_{it}$$

$$+ \beta_{22} \text{Age}_{it} + \sum \text{Year} + \sum \text{Indu} + \mu_i + \varepsilon_{it}$$

$$(6.11)$$

$$\text{OCC4}_{it} = \beta_0 + \sum \beta_k \text{CG}_{it} + \beta_{18} \text{GPC}_{it} + \beta_{19} \text{GPL}_{it} + \beta_{20} \text{Grow}_{it} + \beta_{21} \text{Size}_{it}$$

$$+ \beta_{22} \text{Age}_{it} + \sum \text{Year} + \sum \text{Indu} + \mu_i + \varepsilon_{it}$$

$$(6.12)$$

在上述模型中,被解释变量经理代理成本主要为总资金净占用率(OCC4),非经营性资金净占用率(OCC2)、非经营性资金占用率(OCC1)和总资金占用率(OCC3)用以和(OCC4)进行对照和比较。主要的解释变量是各治理机制变量(CG)、集团控制变量(Grou)、中央集团控制(GPC)、地方集团控制(GPL)、民营集团控制(GPP)[在模型(6.9)至模型(6.12)中作为对照组或控制组]。其中CG是公司治理机制的解释变量,具体包括股权结构:股权集中度(CR1)、股权制衡度(CR$_{2-5}$)、流通股比例(TS)、机构投资者持股比例(FS)、两权分离度(Sper);董事会机制:董事会规模(Boar)、独立董事比例(ID)、不领薪董事比例(NPay);管理层激励机制:管理层薪酬(MP)、管理层持股比例(MS)、两职分离情况(Dual);债权融资机制:资产负债率(Lev)、债务期限结构(SD);信息披露机制:审计意见清洁度(Audi)、审计意见质量(Four);投资者法律保护机制(Law);产品市场竞争(Pro)。控制变量:公司规模(Size)、成长性(Grow)、公司上市年限(Age),以及年度(Year)和所处行业(Indu)。

二、模型估计结果

表6.8给出了模型(6.1)至模型(6.8)的回归结果,8个模型整体上均具有统计显著性。模型(6.5)的固定效应似然比检验(FELRT)显著,拒绝了混合效应,随机效应 Hausman 检验(REHT)不显著,不能拒绝随机效应,但根据第四章的解释,认为随机扰动项与解释变量具有一定的相关性,仍然选择用固定效应模型估计结果。其他 7 个模型的固

表6.8　集团控制与股东代理成本（全样本）

解释变量	模型(6.1) OCC1	模型(6.2) OCC2	模型(6.3) OCC3	模型(6.4) OCC4	模型(6.5) OCC1	模型(6.6) OCC2	模型(6.7) OCC3	模型(6.8) OCC4
常数项	0.0010*** (21.5293)	-0.0138*** (-6.5145)	0.0029 (0.8163)	-0.0310*** (-9.6836)	0.0010*** (19.1202)	-0.0135*** (-7.5137)	0.003 (0.8886)	-0.0309*** (-10.9429)
CR1	0.0001*** (3.6735)	0.00003 (0.1379)	-0.0003 (-1.32)	-0.0025* (-1.8002)	0.0001*** (3.2719)	-0.0003 (-1.5995)	-0.0004** (-2.2543)	-0.0024* (-1.8512)
CR25	-0.00002 (-0.5255)	0.0013** (2.548)	-0.0024*** (-4.1097)	0.0005 (0.6893)	-0.00002 (-0.527)	0.0013*** (3.0426)	-0.0025*** (-4.1678)	0.0003 (0.3942)
FS	0.00002 (1.1534)	-0.0013*** (-5.0134)	-0.0007*** (-2.6374)	-0.0020*** (-4.7431)	-0.00002 (-1.1016)	-0.0013*** (-5.0115)	-0.0007*** (-2.6228)	-0.0020*** (-4.5757)
TS	-0.00001* (-1.7937)	0.0007*** (7.2607)	-0.0001*** (-3.5742)	0.0013*** (3.2899)	-0.00001*** (-1.7802)	0.0007*** (8.9405)	-0.0001*** (-4.7363)	0.0013*** (3.4397)
Sper	-0.0001** (-2.188)	0.0001 (0.1434)	0.0045*** (7.6802)	0.0080*** (10.3055)	-0.0001*** (-2.2709)	0.0001 (0.1987)	0.0042*** (6.9681)	0.0069*** (6.3511)
Boar	0.000004*** (4.308)	-0.00004 (-1.6661)	0.00005*** (2.712)	0.0001*** (2.9068)	0.000003*** (4.8322)	-0.00004 (-1.4337)	0.00005*** (3.1284)	0.0001*** (3.0598)
ID	-0.0001*** (-6.0094)	-0.0012** (-2.4775)	-0.0006** (-2.2220)	-0.0005 (-0.3966)	-0.0001*** (-6.4669)	-0.0012*** (-2.5239)	-0.0006** (-2.4541)	-0.0002 (-0.1737)

续表

解释变量		模型(6.1) OCC1	模型(6.2) OCC2	模型(6.3) OCC3	模型(6.4) OCC4	模型(6.5) OCC1	模型(6.6) OCC2	模型(6.7) OCC3	模型(6.8) OCC4
NPay		0.00003**	−0.0007***	0.0009***	0.0002	0.00003***	−0.0007***	0.0009***	−0.00002
		(2.4169)	(−2.9225)	(3.0072)	(0.6939)	(2.6041)	(−3.4003)	(2.9558)	(−0.0493)
MP		−0.00002***	0.0004***	0.0001**	0.0007***	−0.00002***	0.0004***	0.0001**	0.0007***
		(−4.1261)	(4.617)	(1.9945)	(4.3741)	(−4.3682)	(4.9816)	(2.142)	(4.4166)
MS		0.00002	0.0004***	−0.0003*	−0.001	−0.00001	0.0005***	−0.0003*	−0.0011
		(−1.3126)	(10.8374)	(−1.6413)	(−1.1249)	(−1.1564)	(12.0776)	(−1.7072)	(−1.1588)
Dual		−0.00001***	−0.0001	−0.0002***	−0.0003**	−0.00001***	−0.0001	−0.0002***	−0.0005***
		(−5.7454)	(−0.7412)	(−7.4738)	(−2.3226)	(−5.6101)	(−0.8665)	(−6.6135)	(−2.703)
Lev		−0.0001***	−0.0040***	−0.0002	−0.0083***	−0.0001***	−0.0041***	−0.0002	−0.0082***
		(−6.4546)	(−8.9236)	(−1.0036)	(−12.68)	(−9.3123)	(−8.8566)	(−1.2454)	(−13.5336)
SD		0.0001***	−0.0004*	0.0003***	−0.0007***	0.00004***	−0.0004*	0.0003***	−0.0006***
		(3.2795)	(−1.7024)	(3.0644)	(−5.4818)	(3.5649)	(−1.7275)	(3.2937)	(−5.6496)
Audi		−0.0002***	0.00002	−0.0006***	−0.0015***	−0.0002***	0	−0.0006***	−0.0015***
		(−3.9763)	(0.4662)	(−4.0094)	(−3.5273)	(−3.9558)	(0.346)	(−3.6756)	(−3.4763)
Four		0.0001	0.00003	−0.0003	0.0002	−0.00001	0.00003	−0.0003	0.0002
		(−0.2372)	(0.1652)	(−1.2814)	(0.487)	(−0.1986)	(0.1829)	(−1.497)	(0.5582)

续表

解释变量		模型(6.1) OCC1	模型(6.2) OCC2	模型(6.3) OCC3	模型(6.4) OCC4	模型(6.5) OCC1	模型(6.6) OCC2	模型(6.7) OCC3	模型(6.8) OCC4
Pro		-0.00005**	-0.0004	-0.0012***	-0.0017	-0.00005**	-0.0006	-0.0012***	-0.0017
		(-2.2843)	(-0.8414)	(-9.6271)	(-1.224)	(-2.1874)	(-1.4209)	(-9.0148)	(-1.1187)
Law		-0.000001	-0.0001***	-0.00003**	-0.0002***	-0.000001	-0.0001***	-0.00003***	-0.0002***
		(-0.5217)	(-5.7678)	(-2.3909)	(-6.8478)	(-1.0029)	(-5.7986)	(-2.8415)	(-8.4593)
Grou		0.00004*	0.0001	0.0014**	0.0035**				
		(1.8332)	(0.3768)	(2.1457)	(2.2461)				
State		0.00002***	0.0005**	0.0012*	0.0032***				
		(2.7923)	(1.9737)	(1.746)	(2.7048)				
Grou* State		-0.0001**	-0.0009*	-0.0008	-0.0046***				
		(-1.9885)	(-1.8319)	(-1.216)	(-3.3226)				
GPC						-0.00001	0.0001	0.0026***	0.0037**
						(-0.3888)	(0.5055)	(3.5126)	(2.0253)
GPL						0.00001	-0.0004***	0.0016***	0.0016
						(0.7019)	(-2.8104)	(2.9286)	(1.1793)
GPP						0.00004*	0.0002	0.0013*	0.0041**
						(1.9156)	(0.5443)	(1.9407)	(2.5477)
IC						-0.000026	-0.0027	0.0014	0.0028
						(-0.5574)	(-1.5938)	(1.4227)	(0.7983)

续表

解释变量	模型(6.1) OCC1	模型(6.2) OCC2	模型(6.3) OCC3	模型(6.4) OCC4	模型(6.5) OCC1	模型(6.6) OCC2	模型(6.7) OCC3	模型(6.8) OCC4
IL					0.00002*** (3.7346)	0.0009** (2.0817)	0.0015** (2.1931)	0.0032** (2.3533)
Grow	-0.000003* (-1.9065)	-0.0002** (-2.3766)	-0.0001*** (-2.6209)	-0.0004*** (-3.9371)	-0.000002 (-1.5799)	-0.0002** (-2.3497)	-0.0001*** (-2.5953)	-0.0004*** (-4.479)
Size	0.00001*** (2.7232)	0.0002*** (4.3286)	0.0004*** (4.7439)	0.0013*** (12.8076)	0.00001*** (3.0149)	0.0002*** (4.6365)	0.0004*** (4.5319)	0.0013*** (11.8305)
Age	-0.00001* (-1.6857)	-0.000003 (-0.0429)	-0.0006*** (-5.6637)	-0.0009*** (-5.8491)	-0.000007* (-1.8837)	-0.00002 (-0.3378)	-0.0006*** (-5.6251)	-0.0009*** (-6.6576)
Ind	control	control	control	control	control	control	control	control
N	5910	5910	5910	5910	5910	5910	5910	5910
Adj-R2	0.9935	0.9707	0.9911	0.9193	0.9933	0.9696	0.9907	0.9194
F-Value	733.5513***	160.3545***	537.2350***	55.7810***	714.6240***	154.0997***	514.1821***	55.7847***
DW	2.0915	2.0085	1.9105	1.9990	2.0998	2.0130	1.9063	1.9999
FELRT	726.7013***	140.6572***	504.8120***	54.5130***	699.2226***	135.9106***	485.4556***	54.1355***
REHT	55.27*	76.59***	90.16***	67.5***	56.51	79.06***	102.84***	76.98***

注：***、**、* 分别表示在 1%、5%、10% 的水平上显著；括号内为 t 值（双尾），并经 White 异方差调整。FELRT（Fixed Effects Likelihood Ratio Test）为模型固定效应似然比检验对应的 F 值及显著性。REHT（Random Effects Hausman Test）为检验随机效应对应豪斯曼检验对应的卡方值及显著性。

定效应检验和随机效应检验均显著。所以模型(6.1)至模型(6.8)均为固定效应模型的估计结果。8 个模型的 DW 值大致接近于 2,基本消除了序列相关问题。调整后 R^2 较高,表明模型具有较强解释力。

以上是对模型的整体统计性质做出的说明,下面对模型的估计结果进行具体分析。

模型(6.4)中 Grou 的系数显著为正,即集团控制上市公司的总资金净占用率高于独立上市公司,假设 6.1 成立。从模型(6.1)至模型(6.3)中 Grou 的系数来看,符号均为正,并且在模型(6.1)和模型(6.3)中表现是显著的。因此假设(6.1)具有较高的稳健性。模型(6.2)中 Grou 系数的符号为正,但不显著,表明从全样本来看,非经营性净资金占用率在集团控制上市公司和独立上市公司之间的差异并不显著。

模型(6.8)中 GPP 的系数显著为正,即民营集团控制上市公司的总资金净占用率高于民营独立上市公司,假设 6.1b 成立。从模型(6.5)至模型(6.9)中 GPP 的系数来看,符号均为正,并且在模型(6.5)和模型(6.7)中表现为显著,因此假设 6.1b 具有较高的稳健性。模型(6.6)中 GPP 系数的符号为正,但不显著,表明从全样本来看,非经营性净资金占用率在民营集团控制上市公司和民营独立上市公司之间的差异并不显著。

模型(6.8)中 GPL 的系数为 0.0016,IL 的系数为 0.0032,后者高于前者,进行系数差异显著性检验(Wald 检验),F 值为 14.021,p 值为 0.0002,差异显著,表明地方独立上市公司总资金净占用率显著高于地方集团控制上市公司,否定假设 6.1a。为了检验该结论的稳健性,对模型(6.5)和模型(6.6)中 GPL 和 IL 的系数进行比较分析。首先对两者的非经营性净资金占用率进行比较,模型(6.7)中 GPL 的系数明显低于 IL 的系数,进行系数约束性检验(Wald 检验),F 值为 8.0298,p 值为 0.0046,表明地方独立上市公司非经营性净资金占用率显著高于地方集团控制上市公司。再进行非经营性资金占用率比较,模型(6.1)中对 GPL 的系数和 IL 的系数,进行系数约束性检验(Wald 检验),F 值为

0.8740，p 值为 0.3499，不显著。最后对总资金占用率进行比较，模型（6.7）中对 GPL 的系数和 IL 的系数，进行系数约束性检验（Wald 检验），F 值为 2.1159，p 值为 0.1458，不显著。通过模型（6.5）至模型（6.7）对模型（6.8）中关于假设 6.1a 上述结论的稳健性分析，表明地方独立上市公司与地方集团控制上市公司相比较，非经营性资金占用率和总资金占用率没有显著差异，但是非经营性资金净占用率和总资金净占用率，前者显著高于后者，即独立地方上市公司的股东代理成本显著高于地方集团控制上市公司。

关于假设 6.2 和假设 6.3 的检验结果见表 6.9 模型（6.12）。模型（6.12）中，GPC、GPL 的系数符号为负，不显著，表明国有集团控制上市公司总资金净占用率小于民营集团控制上市公司，但差异不显著，假设 6.2 获得弱证据支持。对于假设 6.3 的检验需要对模型（6.12）中 GPC 的系数和 GPL 的系数进行系数约束性检验，F 值为 0.2745，p 值为 0.6004，不显著，表明地方集团控制上市公司总资金净占用率大于中央地方集团控制上市公司，但差异不明显。在模型（6.10）中，GPC 的系数小于 GPL 的系数，对两者进行系数约束性检验，F 值为 0.0413，p 值为 0.8389，不显著。表明地方集团控制上市公司股东代理成本高于中央集团控制上市公司，但差异并不明显，假设 6.3 仅得到了弱证据支持。

根据模型（6.12）的估计结果，对集团控制上市公司治理机制对股东代理成本的效应进行总体分析如下：

模型（6.12）中 CR1 的系数符号为正，不显著。进一步，结合模型（6.9）、模型（6.10）、模型（6.11），由股权集中度与经理代理成本的相关性可以看出，模型（6.9）、模型（6.10）中 CR1 系数显著为正，表明集团控制上市公司控股股东控股比例的增加加重了对非经营性资金的占用，但模型（6.11）中 CR1 的系数是负的，表明集团控股股东控股比例的增加会减轻对上市公司经营性资金的占用，即集团控股股东代理成本存在结构性差异。这一结论有助于解释集团控股上市公司的融资窗口作用，以及集团公司通过非经营性资金的占用，减少上市公司的自由现金流,制约经理的过度投资和"帝国构建"行为。

股权制衡度与总资金净占用率正相关,但不显著。结合模型(6.10)和模型(6.11)可以看出,股权制衡度与非经营性资金净占用率显著正相关,与总资金占用率显著负相关,所有随着股权制衡度的增加有效地制约了集团公司对上市公司经营性资金净占用,但又促进了集团控股股东对非经营性资金净占用。因此,股权制衡度对上市公司的集团控股股东代理成本的制约作用也存在结构性差异。

从模型(6.9)至模型(6.12)可以看出,机构投资者持股比例(FS)的系数均为负,并且在模型(6.2)中显著为负,表明机构投资者可以有效地制约集团控股股东对上市公司的非经营性资金净占用。因此,假设6.6基本成立。

从模型(6.10)和模型(6.12)可以看出,流通股比例与集团控股股东对上市公司的非经营性资金净占用率、总资金净占用率均显著正相关,表明流通股股东对股东代理成本制约的无效性。在股票市场尚不成熟的情境下,流通股比例的增加伴随着集团控股股东对上市公司双重掏空(非经营性资金净占用和经营性资金净占用)的加重。因此,假设6.7成立。

由模型(6.12)中两权分离度(Sper)的系数可以看出,两权分离度与总资金净占用率正相关,但不显著。进一步结合模型(6.11),两权分离度(Sper)的系数显著为正,即随着两权分离度的增加,集团控股股东对上市公司的总资金净占用率显著增加。但在模型(6.10)中,两权分离度(Sper)的系数为负,不显著。模型(6.10)和模型(6.11)相结合,表明两权分离度增加将会导致集团控股股东对上市公司经营性资金净占用率的增加,表现出更具隐蔽性和侵犯性的掏空行为。因此,假设6.8基本成立。

从模型(6.12)可以看出,董事会规模(Boar)的系数显著为正,表明董事会规模与集团控股股东总资金净占用率显著正相关,假设6.9成立。模型(6.11)中董事会规模(Boar)大小进一步说明这一结论是稳健的,即董事会规模扩大对制约集团控股股东总资金占用率无效性在增强。

从模型(6.10)和模型(6.12)中独立董事比例(ID)的系数为正,不显著,表明独立董事比例对抑制集团控股股东代理成本是无效的,随着独立董事比例增加,上市公司股东代理成本反而可能扩大,因此假设6.10不成立。

模型(6.10)中不领薪董事比例(NPay)的系数显著为负,表明不领薪董事比例与上市公司集团控股股东的非经营性资金净占用率显著负相关,不领薪董事比例增加可以有效制约集团控股股东对上市股东非经营性净资金的占用。但是,上市公司不领薪董事一般由上市公司的母公司委派,最终代表集团公司的利益。模型(6.10)和模型(6.11)结合起来,可以看出不领薪董事比例的增加显著提高了集团公司对上市公司经营性资金的占用。因此,不领薪董事比例对上市公司的集团公司股东代理成本效应具有结构性差异。

模型(6.11)和模型(6.12)中两职分离(Dual)的系数为负,不显著,表明通过两职分设可以对控股股东的总资金占用率和总资金净占用率均有一定程度的约束作用,因此假设6.12获得了弱证据支持。

模型(6.12)中高管薪酬(MP)的系数为正,但不显著。模型(6.10)中高管薪酬(MP)的系数显著为正。因此,高管薪酬增加,使得高管更倾向于配合上市公司集团控股股东的掏空行为,加大股东代理成本,假设6.13成立。

模型(6.9)和模型(6.11)中,高管持股比例(MS)的系数显著为正,表明高管持股比例与上市公司的集团控股股东非经营性资金占用率、总资金占用率均正相关。模型(6.10)和模型(6.12)中,MS 的系数为正,但不显著。我国集团控股上市公司高管持股比例较低,均值仅为0.009(见第四章表4.8),显著低于独立上市公司,缺乏激励去抑制控股股东的代理成本。因此假设6-14成立。高管持股比例增加到一定程度,对上市公司控股股东代理成本的制约作用才能发挥。从全样本来看,表6.8模型(6.3)中MS的系数显著为负,即为对这一结论的实证支持。

模型(6.10)和模型(6.12)中,资产负债率(Lev)的系数显著为负,表明资产负债率与上市公司的集团控股股东非经营性资金净占用率和总资金净占用率均显著负相关,债权融资可以有效制约上市公司的集团控股股东代理成本。因此假设 6.15 成立。

考虑债务期限结构,模型(6.12)中,债务期限结构(SD)的系数显著为负,表明债务期限结构与上市公司集团控股股东总资金净占用率显著负相关。模型(6.10)、模型(6.11)中,债务期限结构(SD)的系数为负不显著。模型(6.9)中,债务期限结构(SD)的系数显著为正,表明债务期限结构缩短使得上市公司集团控股股东的非经营性资金占用增大。因此,总体上,债务期限结构能够有效制约上市公司的集团控股股东代理成本,假设 6.16 成立。

模型(6.9)、模型(6.10)、模型(6.11)、模型(6.12)中,审计意见清洁度(Audi)的系数符号均为负,但不显著,表明审计意见清洁度与上市公司的集团控股股东资金占用负相关,假设 6.17 得到弱证据支持。在这四个模型中,审计意见质量(Four)的系数也均为负,并且在模型(6.12)、模型(6.9)、模型(6.10)中显著为负,因此,假设 6.18 得到支持,即审计意见质量对上市公司集团控股股东代理成本具有制约作用。

表 6.9　集团控制与股东代理成本(集团控制子样本)

解释变量	模型(6.9)	模型(6.10)	模型(6.11)	模型(6.12)
	OCC1	OCC2	OCC3	OCC4
常数项	0.0014	-0.0715^{***}	-0.0193	-0.1802^{***}
	(0.3001)	(-2.616)	(-0.538)	(-4.4631)
CR1	0.0012^{*}	0.0137^{*}	-0.0054	0.015
	(1.8535)	(1.6444)	(-0.6941)	(1.5732)
CR25	0.0006	0.0152^{***}	-0.0197^{***}	0.0047
	(0.5435)	(8.4619)	(-8.6149)	(0.5957)
FS	-0.0004	-0.0105^{**}	-0.0008	-0.0096
	(-0.8203)	(-2.3822)	(-0.1744)	(-1.2334)
TS	-0.0001	0.0059^{***}	-0.0008	0.0049^{***}
	(-0.7465)	(3.63)	(-0.8077)	(4.319)

续表

解释变量	模型(6.9)	模型(6.10)	模型(6.11)	模型(6.12)
	OCC1	OCC2	OCC3	OCC4
Sper	−0.0004	−0.0088	0.0167***	0.0082
	(−0.5111)	(−0.8985)	(4.3989)	(0.6656)
Boar	0.000048	−0.0004	0.0006***	0.0009**
	(0.6538)	(−0.9851)	(3.44)	(2.001)
ID	−0.0008	0.0049	−0.0003	0.0045
	(−0.3597)	(0.7694)	(−0.044)	(0.6579)
NPay	0.0004	−0.0052**	0.0068***	−0.0032
	(1.1569)	(−2.268)	(2.7984)	(−0.9145)
MP	−0.0002	0.0020*	−0.0005	0.0016
	(−1.4735)	(1.8256)	(−0.6348)	(1.0526)
MS	0.0029*	0.0076	0.0083**	0.004
	(1.8609)	(0.3152)	(2.2937)	(0.1337)
Dual	−0.0001	0.0006	−0.0018	−0.0022
	(−0.3925)	(0.4842)	(−1.1228)	(−1.1839)
Lev	−0.0006	−0.0365***	0.0016	−0.0517***
	(−1.2461)	(−6.7426)	(0.5204)	(−5.4197)
SD	0.0004***	−0.0025	−0.0004	−0.0091*
	(2.7429)	(−0.9776)	(−0.2348)	(−1.9356)
Audi	−0.0012	−0.0009	−0.0037	−0.006
	(−1.5862)	(−0.2019)	(−1.0184)	(−1.0046)
Four	−0.0017***	−0.0033**	−0.0044	−0.0060***
	(−2.9505)	(−2.2478)	(−1.5651)	(−3.3336)
Pro	−0.0008**	−0.0042***	−0.0088***	−0.0169***
	(−2.3427)	(−3.4888)	(−2.9127)	(−5.5628)
Law	−0.000015	−0.0007*	−0.0003	−0.0006
	(−0.4884)	(−1.7397)	(−1.4254)	(−1.5083)
GPC	−0.0004	−0.003	0.0023	−0.0057
	(−0.746)	(−1.1813)	(1.2284)	(−1.112)
GPL	−0.0006	−0.0026	0.0011	−0.0033
	(−1.0609)	(−1.3979)	(0.6029)	(−1.5735)
Grow	−0.0001	−0.0010*	0.00003	−0.0016***
	(−0.8098)	(−1.9092)	(−0.0732)	(−2.7464)

续表

解释变量	模型(6.9)	模型(6.10)	模型(6.11)	模型(6.12)
	OCC1	OCC2	OCC3	OCC4
Size	0.0002	0.0017**	0.0022	0.0076***
	(1.0627)	(2.3269)	(1.2805)	(5.8974)
Age	0.000042	0.0028***	−0.0014***	0.0025**
	(0.4644)	(4.8667)	(−2.6984)	(2.3653)
Ind&Year	control	control	control	control
N	4450	4450	4450	4450
Adj-$R2$	0.2723	0.4920	0.6391	0.4768
F-Value	2.7467***	5.5208***	9.2662***	5.2548***
DW	2.1472	1.9991	1.8963	1.8958
FELRT	2.7013***	4.9429***	7.9417***	4.8578***
REHT	52.3451	81.4201***	94.0336***	62.7677*

注:***、**、*分别表示在1%、5%、10%的水平上显著;括号内为 t 值(双尾),并经 White 异方差调整。FELRT(Fixed Effects Likelihood Ratio Test)为模型固定效应似然比检验对应的 F 值及显著性,REHT(Random Effects Hausman Test)为模型随机效应豪斯曼检验对应的卡方值及显著性。

在模型(6.9)至模型(6.10)四个模型中,产品市场竞争(Pro)的系数皆显著为负,由于 Pro 指标代表的是上市公司处于受保护或垄断行业,表明在受保护行业的上市公司集团控股股东代理成本反而较轻,因此,假设6-19被否定。

投资者法律保护机制变量(Law)在表6.9四个模型中的系数符号均为负,并且在模型(6.10)中表现显著,表明投资者法律保护越高的地区,上市公司的集团大股东非经营性资金净占用率越低。因此,假设6-20基本成立。

另外,从模型(6.12)中可以看出关键控制变量与股东代理成本的关系,上市公司的成长性、与股东代理成本显著负相关,而上市公司的规模、上市时间则与股东代理成本显著正相关。

第四节 稳健性检验

在股东代理成本直接衡量的资金占用法下,集团控股股东资金占用类型由 OCC1、OCC2、OCC3、OCC4 四种分类已经基本概括,上述模型围绕以 OCC4 为被解释变量的模型为主展开,以 OCC1、OCC2、OCC3 为被解释变量的模型与其进行对照分析,在一定程度上起到了稳健性检验的作用。为了进一步检验上述结果的稳健性,将股权制衡度指标由 Herfindahl 指数 H210(第二大股东至第十大股东持股比例的平方和)代替第二至第五大股东持股比例(CR25),将企业成长性指标由总资产增长率(Grow2)代替营业收入成长率 Grow,代入上述模型进行固定效应面板数据回归,得到了与上述模型回归结果一致的结论。在此不再赘述。

第五节 结 论

基于以上实证分析,可以得出以下几个重要结论:

第一,企业集团控制的上市公司股东代理成本高于独立上市公司。考虑产权异质性,民营集团控制上市公司股东代理成本高于独立上市公司。地方独立上市公司的股东代理成本高于地方集团控制上市公司,基于股东代理成本的结构性差异,地方独立上市公司控股股东非经营性资金净占用率显著高于地方集团控制上市公司,表明就抑制股东代理成本而言,集团控制的制度安排对地方国企是有效率的改进。

第二,国有集团控制上市公司股东代理成本弱低于民营集团控制上市公司。地方集团控制上市公司股东代理成本弱高于中央集团控制上市公司。因此,产权异质性在集团控制上市公司股东代理成本的差异方面,私权集团控制上市公司股东代理成本略高于国有集团控制上市公司。

第三,就公司治理机制对抑制股东代理成本的效果而言,集团控制上市公司的治理机制整体弱式有效,但作用机理复杂,并且具有结构性差异。股权集中度的增加,导致上市公司集团控股股东显著增加对非经营性资金的净占用,但会减轻对经营性资金的净占用。与此对应,股权制衡度的增加有效地制约了上市公司集团大股东对经营性资金的净占用,却助长了上市公司集团大股东对非经营性资金的净占用。机构投资者持股比例的增加有效地制约了上市公司集团大股东的代理成本。流通股比例增加会恶化集团控股上市公司股东代理问题。随着两权分离度的增加,上市公司的集团控股股东会转向更隐蔽更严重的经营性资金占用。董事会规模和独立董事比例增加对抑制股东代理问题是无效的。两职分设仅能够在较低程度上抑制大股东代理问题。不领薪董事比例增加可以减轻集团大股东对非经营性资金的净占用,但会加重对经营性资金的净占用。在集团控制上市公司高管持股比例偏低的当前,高管激励增加使得高管更倾向于配合大股东掏空的行为。与以往文献的结论不同,本书实证发现,处在受保护行业的集团控制上市公司反而明显遭受到更轻的大股东侵占,可能的解释是受保护行业的集团控制上市公司往往面临国家更严厉的监管和更多的社会公众的监督。债权融资机制、信息披露机制、投资者法律保护机制能够有效抑制大股东代理问题。

本章小结

本章是揭示集团控制上市公司治理机制效应的第二个环节。在提出研究假设的基础上,通过构建以股东代理成本为被解释变量的面板数据模型,利用与上一章相同的样本,估计得出集团控制上市公司治理机制对经理代理成本的作用结果。

第七章
集团控制上市公司治理机制与公司绩效

第一节　研究假设

一、集团控制与公司绩效

企业集团作为介于企业和市场之间的中介组织,是有组织的市场和有市场的组织。集团控制对企业绩效的影响具有两面性:一方面,可以通过内部市场降低交易成本、实现风险共担、缓解融资约束等,从而提升企业的绩效;另一方面,通过金字塔股权结构、交叉持股等内部复杂网络,进行利益输送和掏空,从而降低企业的绩效。

根据第三章的理论分析,在新兴经济体,集团控制对企业绩效的促进主要通过填补制度空缺和降低交易成本来实现(郑国坚等,2012)。首先,企业集团是弥补外部市场缺失的机制和制度安排(Khanna,2000)。新兴经济体的特征之一是外部市场不完善,缺乏有效的资本、技术、人才、产品市场。通过企业集团形成内部资本、技术、人才、产品市场,在企业集团内部网络之间进行投资和经营,缓解融资约束(Hoshi et al.,1991;Almeida et al.,2006;Gopalan et al.,2007),降低风险

(Khanna et al.,2000)。其次,企业集团内部市场交易可以减少交易主体之间的信息不对称,克服违约风险和机会主义行为,提高交易的稳定性。最后,通过企业集团可以避开法规障碍,便利市场进入和合理避税。因此,企业集团的制度安排可以有效降低交易成本(Claessens et al.,2002;Khanna et al.,2007)。

在新兴市场经济体,尤其是大陆法系国家,投资者保护较弱,通过企业集团组织结构的网络复杂性,集团控制更容易隐蔽地产生掏空、过度投资、利益输送和交叉补贴行为(Claessens et al.,2002),因而可能降低集团控制企业的绩效。

在我国新兴加转轨的经济制度背景下,市场的完善是一个渐进的过程,与发达市场国家相比,我国的要素市场和产品市场等已经有了长足发展,但仍不完善。另外,在我国国企改革和促进经济发展制度演进中,企业集团的产生和发展主要是由政府主导,一直将企业集团作为弥补制度缺失、实现经济赶超、调整产业结构调整的手段和工具。同时,在我国传统文化注重社会联结的氛围中,附属于企业集团成为自然的理性选择。但集团控制对上市公司的绩效影响具有或然性,即集团控制对上市公司绩效影响存在效率促进与掏空两种相互竞争的效应(郑国坚等,2007)。

我国还没有形成约束以集团公司形式出现的大股东的有效机制,导致大股东通过企业集团内部交易网络进行掏空和利益输送的行为较为常见。另外,企业集团存在更多层级的委托—代理关系,产生了更高的经理代理成本。因此,集团控制上市公司严重的双重代理问题,使得集团控制对上市公司绩效产生了更大的负面影响(刘峰等,2004;李增泉等,2005,2008;吕长江等,2006;邵军等,2007;许艳芳等,2009;张光荣等,2006)。基于以上分析,本章提出如下假设:

假设 7.1:集团控制上市公司绩效低于独立上市公司。

假设 7.1a:地方集团控制上市公司绩效低于地方独立上市公司。

假设 7.1b:民营集团控制上市公司绩效低于民营独立上市公司。

二、集团控制、产权性质与公司绩效

在集团控制上市公司与独立上市公司绩效之间可能存在差异,同样,不同产权性质集团控制上市公司之间也可能存在差异。第四章根据产权性质将集团控制上市公司划分为三类:中央集团控制上市公司、地方集团控制上市公司和民营集团控制上市公司,前两类即国有集团控制上市公司。在全体样本中,集团控制上市公司所占比例为 75.3%,国有集团控制上市公司所占比例为 53.35%(中央集团控制上市公司比例为 19.29%,地方集团控制上市公司比例为 34.06%),民营集团控制上市公司所占比例为 21.95%,略高于中央集团控制上市公司。

国有集团控制对上市公司绩效可能具有正反双重效应。根据第三章企业集团的政治联系观,国有集团控制下与政府有着天然联系,因此,更容易获得优惠政策、财政补贴、银行贷款等政府支持(陈晓等,2001;Qian,1996),从而有利于国有集团控制上市公司。与中央集团控制上市公司相比,中国地方官员的"晋升锦标赛治理模式"(周黎安,2007),有助于促进地方集团控制上市公司绩效的提升。但是,国有集团控制虽然从形式上使国有产权具体化,但并没有从实质上解决国有产权所有人模糊的问题,因为以国资委为主的国有资产管理主体存在所有者激励不足,集团公司的代理人和集团控制上市公司的代理人成为实质上的控制人,即存在内部人控制现象,内部人控制使得代理人的剩余控制权和剩余索取权不一致问题更加突出,结果是造成更加严重的经理代理成本。另外,政府行政干预和预算软约束也会对国有集团控制上市公司的绩效产生负面影响(Shleifer,1994)。

民营集团控制对上市公司绩效同样具有正反双重效应。与国有企业集团相比,民营企业集团面临更大的融资约束,作为大股东的民营集团公司为缓解融资约束,很可能利用所控制的上市公司进行利益输送,从而对集团控制上市公司绩效产生负面影响(刘启亮等,2008)。但与国有集团控制相比较,民营集团控制下的上市公司所受政府干预程度低,所承担的社会成本相对较少,更重要的是不存在所有者缺位问题,所有者与公司控制人常常合二为一,具有更高的效率。基于以上分析,本章提出如下假设:

假设 7.2:民营集团控制上市公司绩效优于国有集团控制上市公司。

假设 7.3:中央集团控制上市公司绩效低于地方集团控制上市公司。

三、集团控制、两类代理成本与公司绩效

在英美等发达国家,由于股权分散,公司治理中主要面临的是经理代理成本问题,即第一类代理问题。然而,在新兴经济体,由于缺乏发达的市场和有效的制度,股权高度集中,在通过大股东对经理的监督缓解经理代理问题的同时,又产生了大股东与中小股东的冲突,带来股东代理问题,即第二类代理问题。因此,新兴经济体中的上市公司同时面临两类(双重)代理问题。

经理代理成本和股东代理成本的存在导致公司效率损失,对公司绩效产生负面影响。但是两类代理成本对公司绩效负面影响的程度会有所不同。第一,随着对集团成员之间关联交易监管和信息披露要求的加强,集团公司大股东隐藏掏空行为将变得困难,相对而言,经理的逆向选择和道德风险更难以识别。第二,根据第六章表 6.3 的统计,受金融危机的影响,自 2008 年以来,集团公司对上市公司支持的比例大于掏空的比例。第三,集团公司对上市公司的掏空不具有可持续性。在机会主义和合约不完全性的假设下,经理代理成本随时都有可能发生。据此,本章提出如下假设:

假设 7.4:集团控制上市公司经理代理成本对公司绩效的负面影响比股东代理成本更大。

假设 7.4a:中央集团控制上市公司经理代理成本对公司绩效的负面影响比股东代理成本更大。

假设 7.4b:地方集团控制上市公司经理代理成本对公司绩效的负面影响比股东代理成本更大。

假设 7.4c:民营集团控制上市公司经理代理成本对公司绩效的负面影响比股东代理成本更大。

四、集团控制上市公司治理机制与公司绩效

(一)股权结构

在新兴市场,资本、人才、产品、技术等市场不完善,法律制度不完善,通过股权集中,可以防止搭便车现象,提升股权激励效率,有效制约经理偷懒行为,提升公司绩效。李维安等(2006)实证发现第一大股东控股时,持股比例与公司绩效成正比。刘银国等(2010)的实证结果显示股权集中度与公司绩效呈反向变动的幂函数关系,股权制衡度与公司绩效呈负相关关系。陈德萍等(2011)的研究结果显示,股权集中度与公司绩效呈显著的 U 形关系,股权制衡度与公司绩效正相关。刘运国等(2007)研究表明股权集中类公司业绩优于股权分散类,股权制衡类公司的业绩优于股权集中类,但差异不显著。王雪荣等(2007)实证发现,机构投资者持股比例与公司绩效显著正相关。马磊等(2010)实证发现,两权分离度与公司绩效显著正相关。流通股比例与公司绩效的关系缺乏优势实证证据。据此,本章提出以下假设:

假设 7.5:股权集中度与公司绩效正相关。

假设 7.6:股权制衡度与公司绩效正相关。

假设 7.7:机构投资者比例与公司绩效正相关。

假设 7.8:流通股比例与公司绩效正相关。

假设 7.9:两权分离度与公司绩效负相关。

（二）董事会

Bhagat 等（2002）认为独立董事比利与公司绩效无关。Coles 等（2008）发现，与简单企业相比，复杂企业的董事会更大且具有较多外部董事。宋增基等（2009）在内生性的条件下，发现董事会规模与公司绩效不具有显著相关性。王华等（2006）实证发现独立董事比例与企业价值间存在显著的负向互动关系。吴淑琨等（1998）认为两职合一与公司绩效没有显著关系。蒲自立等（2004）发现两职合一对公司绩效有负面影响。不领薪董事比例与公司绩效的关系尚未优势的实证结论。因此，本章提出如下假设：

假设 7.10：董事会规模与公司绩效负相关。

假设 7.11：独立董事比例与公司绩效正相关。

假设 7.12：公司不领薪董事比例与公司绩效正相关。

假设 7.13：两职分设与公司绩效正相关。

（三）高管激励

高管薪酬与公司绩效的实证结论并不统一，主要有：仅存在弱相关关系（O'Reilly et al.，1988）；不存在相关关系（Jensen et al.，1990；李增泉，2000）；存在相关关系（杜兴强等，2007）。高管持股比例与公司绩效的实证结论有：正相关（Core et al.，2001）；存在倒 U 形关系（王华等，2006；李维安等，2006）；不相关（宋增基等，2005）。据此，本章提出如下假设：

假设 7.14：高管薪酬与公司绩效正相关。

假设 7.15：高管持股比例与公司绩效正相关。

（四）债权融资

邵国良等（2005）从负债融资—股权结构—公司绩效的视角进行实证，结果发现负债融资的股权结构不利于公司绩效的提升。戴钰（2011）实证研究发现，负债比例与公司绩效正相关，并且短期负债比例与公司绩效显著正相关，而长期负债比例与企业绩效负相关。据此，本章提出如下假设：

假设 7.16：资产负债率与公司绩效负相关。

假设 7.17：短期债务比例与公司绩效正相关。

（五）信息披露

Jiao（2011）实证发现，信息披露和股票回报正相关，并且信息披露和公司价值显著正相关。林有志等（2007）实证发现，信息透明度较高的公司，会计绩效和市场绩效均较高。张宗新等（2007）、蔡传里等（2009）、王雄元等（2009）均实证发现信息披露水平与公司绩效存在正向关系。张兵等（2009）考虑内生性，实证发现财务绩效与信息透明度显著正相关，而信息透明度对公司市场价值的影响呈现先降后升的微笑曲线效应。Sheu 等（2010）实证发现经理薪酬的自愿性充分信息披露与公司价值成正比，经理薪酬透明度低的公司无助于提升公司价值。与其他研究结论相反，于健南（2010）实证结论发现信息披露与企业价值呈反比关系。据此，本章提出以下假设：

假设 7.18：审计意见清洁度与公司绩效正相关。

假设 7.19：审计师质量与公司绩效正相关。

（六）6 产品市场竞争

谭云清等（2008）、宋增基等（2009）实证研究发现，产品市场竞争能够显著促进企业绩效提升。林钟高等（2012）实证表明产品市场竞争与公司价值正相关。因此，本章提出以下假设：

假设 7.20：产品市场竞争与公司绩效正相关。

（七）投资者法律保护

王鹏（2008）实证发现投资者保护与公司绩效正相关，并且在国有控股上市公司表现更为显著。林钟高等（2012）实证表明投资者法律保护与公司价值正相关，投资者法律保护做得越好的地区，公司价值越高。因此，本章提出以下假设：

假设 7.21：投资之法律保护程度与公司绩效正相关。

第二节　变量选择及描述性统计

一、变量选择

公司绩效作为被解释变量,解释变量的具体定义见第四章。

反映公司绩效的指标可以分为两大类:第一类是财务指标,具体包括:总资产报酬率、净资产报酬率、主营业务利润率、每股收益等;第二类是市场价值指标,在西方相关文献中较多用到的市场价值指标是托宾 Q,即 TQ。但是,与西方发达国家成熟的资本市场不同,我国资本市场的有效性不足,例如,股票价格的高度波动和高换手率会导致 TQ 和市场回报等指标存在潜在偏差;使用 TQ 指标可能会高估私有产权控股的上市公司绩效,原因在于这类公司更有可能面临私有产权控股股东鼓励下的庄家参与和市场炒作,从而使股价虚高不下(徐莉萍等,2006;郑国坚等,2012)。综上,本章借鉴 Bhagat 等(2008)、Gedajlovic等(2002)的相关研究,选择 ROA 来衡量公司绩效,采用 ROE 来进行稳健性检验(见表 7.1)。

表 7.1　变量定义

类型	符号	变量名称	变量定义
被解释变量	ROA	总资产净利润率	净利润/总资产平均余额;总资产平均余额=资产合计期末余额+资产合计期初余额)/2
	ROE	股东权益净利率	净利润/股东权益平均余额;股东权益平均余额=(股东权益期末余额+股东权益期初余额)/2

注:各解释变量、控制变量的定义见表 4.2。

二、描述性统计

(一)变量总体描述性统计

公司绩效变量总体描述性统计见表 7.2。股东权益净利率(ROE)显著高于总资产净利润率(ROA)。两个变量的标准差较小,中位数靠近均值,表明在全体样本中公司绩效的分布比较集中,差异不大。

表 7.2　公司绩效变量总体描述性统计

变量	均值	中值	最大值	最小值	标准差
ROA	0.0500	0.0407	0.2355	−0.0945	0.0522
ROE	0.0978	0.0863	0.4187	−0.2217	0.0986

(二)变量均值分年度统计

公司绩效变量均值按年统计情况见表 7.3,从中可以大致看出样本公司绩效均值的变化趋势。公司绩效在 2008 年经历了大幅度的下降,从 2009 年开始逐渐回升,2011 年又出现了下滑。整体与管理费用率呈现反方向变化。

表 7.3　变量均值分年度统计表

变量	2007 年	2008 年	2009 年	2010 年	2011 年
ROA	0.0592	0.0419	0.0469	0.0539	0.0479
ROE	0.1167	0.0777	0.0917	0.1077	0.0953

(三)集团控制上市公司与独立上市公司均值检验

从表 7.4 公司绩效均值检验的结果来看,独立上市公司绩效的均值显著高于集团控制上市公司,支持假设 7.1。具体来看,独立民营上市公司显著高于民营集团控制上市公司,支持假设 7.1b。独立地方上市公司绩效的均值却显著低于地方集团控制上市公司,否定假设 7.1a。

（四）集团控制上市公司均值检验

从表7.5集团控制上市公司绩效均值检验来看,民营集团控制上市公司绩效的均值显著高于国有集团控制上市公司,支持假设7.2。地方集团控制上市绩效均值显著高于中央集团控制上市公司,支持假设7.3。

（五）相关性分析

表 7.6 是各主要变量的相关系数矩阵,从中可以看出各变量的线性相关程度。ROA 与 ROE 的相关系数为 0.8767,表明以 ROE 作为 ROA 的稳健性检验替代变量是合理的。其他相关系数均在 0.5 以内,可以认为各变量之间不存在多重共线性。相关系数矩阵中治理机制解释变量与公司绩效被解释变量之间的相关性大多显著。管理费用率（MER）与总资金净占用率（OCC4）显著正相关,表明股东代理成本与经理代理成本存在依存关系,这两者的相关系数只有 0.033,表明将这两个变量放在同一模型中不会产生共线性问题。从第二列、第三列各变量与 ROA 和 ROE 相关系数的符号和显著性可以看出:管理费用率（MER）与公司绩效负相关,表明经理代理成本会对公司绩效产生消极效应;总资金净占用率（OCC4）与公司绩效正相关,这与股东代理成本会导致公司绩效损失的预期不符,同时说明总资金净占用率（OCC4）对公司绩效的影响有可能是正向的;流通股比例（TS）、独立董事比例（ID）、两职分设（Dual）、资产负债率（Lev）与公司绩效显著负相关;虚拟变量 Grou、State 与公司绩效显著负相关,表明集团控制上市公司绩效低于独立上市公司,国有上市公司绩效低于民营上市公司。控制变量上市时间（Age）也与公司绩效负相关。产品市场竞争（Pro）与公司绩效变量相关性不显著,表明分布在受保护行业的上市公司并不显著优于其他上市公司。其余各治理机制变量均与公司绩效变量 ROA、ROE 显著正相关,表明其对公司绩效存在促进作用。这些双变量符号及相关系数大小只能给出初步的变量关系,变量相关关系的判断需要结合其

表 7.4 集团控制上市公司与独立上市公司值检验

变量	集团企业	独立企业	t值	GPC	IC	t值	GPL	IL	t值	GPP	IP	t值
ROA	0.0486	0.0543	3.6233***	0.0451	0.0497	-0.7987	0.0477	0.0416	-2.5272***	0.0530	0.0631	4.1492***
ROE	0.0972	0.0996	0.8038	0.0929	0.0909	0.1743	0.0960	0.0857	-2.2305**	0.1029	0.1098	1.5732*
N	4450	1460		1140	84		2013	550		1297	826	

注：***、**、* 分别表示在1%、5%、10%的水平上显著，均值差异检验采用独立样本t检验。

表 7.5 集团控制上市公司均值检验

变量	国有集团企业	GPP	t值	GPC	GPL	t值	GPC	GPP	t值	GPL	GPP	t值
ROA	0.0467	0.0530	3.7021***	0.0451	0.0477	-1.3597*	0.0451	0.0530	-3.7561***	0.0477	0.0530	-2.9143***
ROE	0.0949	0.1029	2.4335***	0.0929	0.0960	-0.8317***	0.0929	0.1029	-2.4228**	0.0960	0.1029	-1.9737**
N	3153	1297		1140	2013		1140	1297		2013	1297	

注：***、**、* 分别表示在1%、5%、10%的水平上显著，均值差异检验采用独立样本t检验。

表 7.6 主要变量相关系数矩阵

变量	ROA	ROE	MER	OCC4	CR1	CR25	TS	FS	SPER
ROA	1								
ROE	0.8767*	1							
MER	-0.0297*	-0.1324*	1						
OCC4	0.0633*	0.0169	0.0330*	1					
CR1	0.0896*	0.1005*	-0.1875*	-0.0985*	1				
CR25	0.1568*	0.1301*	0.0352*	0.0737*	-0.3289*	1			
TS	-0.1033*	-0.0810*	0.0763*	0.0138	-0.3241*	-0.2104*	1		
FS	0.4173*	0.4336*	-0.0403*	0.0182	-0.0497*	0.0860*	0.0482*	1	
Sper	0.0523*	0.0768*	-0.0542*	0.0152	0.1107*	0.0165	-0.0304*	0.0126	1
Boar	0.0289*	0.0648*	-0.0924*	0.0128	0.0577*	0.0804*	-0.0578*	0.0545*	0.0097
ID	-0.0299*	-0.0342*	-0.004	-0.0123	0.017	-0.0381*	0.0467*	-0.0178	-0.0725*
NPay	-0.0566*	-0.0380*	-0.0331*	-0.0526*	0.1740*	-0.0488*	-0.0281*	-0.0693*	0.0223
MP	0.2596*	0.3210*	-0.0993*	0.0388*	0.0199	0.0832*	0.1492*	0.2959*	-0.0203
MS	0.1377*	0.0738*	0.0515*	0.0438*	-0.1131*	0.2964*	-0.2107*	-0.0008	-0.1300*
Dual	-0.0671*	-0.0350*	-0.0863*	-0.0290*	0.0752*	-0.0771*	0.0316*	-0.016	-0.0119
Lev	-0.3690*	-0.0451*	-0.3140*	-0.1258*	0.0537*	-0.0969*	0.0837*	-0.0008	0.0165
SD	0.0820*	0.021	0.002	0.0116	-0.0998*	-0.0058	-0.0201	0.0327*	0.0558*

续表

变量	ROA	ROE	MER	OCC4	CR1	CR25	TS	FS	SPER
Audi	0.3950*	0.1027*	−0.0848*	−0.0122	0.0333*	−0.0001	−0.0333*	0.0410*	0.0022
Four	0.0619*	0.0695*	−0.0801*	0.0105	0.1473*	0.1274*	−0.0340*	0.0237	0.0514*
Law	0.0331*	0.0142	0.011	−0.0034	0.0348*	0.016	0.1038*	−0.0578*	−0.0045
Pro	0.0147	0.0063	−0.0959*	−0.0778*	0.2513*	−0.0066	−0.1021*	−0.0686*	−0.0403*
Grou	−0.0471*	−0.0105	−0.1426*	−0.0286*	0.1748*	−0.1347*	0.0591*	0.0572*	0.1757*
State	−0.0997*	−0.0587*	−0.1100*	−0.0656*	0.2301*	−0.1864*	0.0419*	0.0002	−0.2666*
Size	0.0450*	0.1893*	−0.3379*	−0.0640*	0.2936*	−0.0601*	0.0434*	0.2173*	−0.0065
Grow	0.2051*	0.2725*	−0.1556*	−0.0385*	0.0795*	0.0376*	−0.1021*	0.1045*	0.0001
Age	−0.1439*	−0.0743*	0.0461*	−0.0499*	−0.1316*	−0.3073*	0.3720*	−0.0165	−0.0126

注：* 表示在 5% 的水平上显著。未列示的其他变量相关系数见表 4.10。

他对公司绩效共同起作用的变量,并需要在回归模型中最终接受检验。

第三节　实证模型及结果

一、具体模型构建

模型的构建依据具体见第四章,这里给出模型的构建过程。

对于假设 7.1 的检验,构建模型(7.1)、模型(7.2),考察全样本下集团控制上市公司公司绩效和独立上市公司的差异。同时,从中也可看出全样本下治理机制的效应。

$$\mathrm{ROA}_{it} = \beta_0 + \sum \beta_k \mathrm{CG}_{it} + \beta_{18} \mathrm{Grou}_{it} + \beta_{19} \mathrm{Stat}_{it} + \beta_{20} \mathrm{Grou}_{it} * \mathrm{Stat}_{it} +$$
$$\beta_{21} \mathrm{Size}_{it} + \beta_{22} \mathrm{Grow}_{it} + \beta_{23} \mathrm{Age}_{it} + \sum \mathrm{Year} + \sum \mathrm{Indu} + \mu_i + \varepsilon_{it} \qquad (7.1)$$

$$\mathrm{ROA}_{it} = \beta_0 + \sum \beta_k \mathrm{CG}_{it} + \beta_{18} \mathrm{GPC}_{it} + \beta_{19} \mathrm{GPL}_{it} + \beta_{20} \mathrm{GPP}_{it} + \beta_{21} \mathrm{IC}_{it} +$$
$$\beta_{22} \mathrm{IL}_{it} + \beta_{23} \mathrm{Size}_{it} + \beta_{24} \mathrm{Grow}_{it} + \beta_{25} \mathrm{Age}_{it} + \sum \mathrm{Year} + \sum \mathrm{Indu} + \mu_i + \varepsilon_{it}$$
$$(7.2)$$

对于假设 7.2 和假设 7.3 的检验,构建模型(7.3),考察集团控制子样本下不同产权性质上市公司公司绩效的差异。模型(7.3)同时用来检验集团控制子样本下治理机制对公司绩效的促进效应,对假设 7.5 至假设 7.21 进行检验。

$$\mathrm{ROA}_{it} = \beta_0 + \sum \beta_k \mathrm{CG}_{it} + \beta_{18} \mathrm{GPC}_{it} + \beta_{19} \mathrm{GPL}_{it} + \beta_{20} \mathrm{Grow}_{it} + \beta_{21} \mathrm{Age}_{it}$$
$$+ \sum \mathrm{Year} + \sum \mathrm{Indu} + \mu_i + \varepsilon_{it} \qquad (7.3)$$

对于假设 7.4 的检验,构建模型(7.4)至模型(7.8),考察不同样本下,尤其是集团控制子样本下两类代理成本对公司绩效的影响程度。

$$\text{ROA}_{it} = \beta_0 + \beta_1 \text{MER}_{it} + \beta_2 \text{OCC4}_{it} + \beta_3 \text{Grow}_{it} + \beta_4 \text{Size}_{it} + \beta_5 \text{Age}_{it} +$$
$$\sum \text{Year} + \sum \text{Indu} + \mu_i + \varepsilon_{it} \qquad (7.4) \text{、} (7.5) \text{、} (7.6) \text{、} (7.7) \text{、} (7.8)$$

在上述模型中,被解释变量公司绩效具体为总资产净利润率(ROA)。主要的解释变量是各治理机制变量(CG)、集团控制变量(Grou)、中央集团控制(GPC)、地方集团控制(GPL)、民营集团控制(GPP)[在模型(7.5)和模型(7.6)中作为对照组]。其中 CG 是公司治理机制解释变量,具体包括股权结构:股权集中度(CR1)、股权制衡度(CR2—5)、流通股比例(TS)、机构投资者持股比例(FS)、两权分离度(Sper);董事会机制:董事会规模(Boar)、独立董事比例(ID)、不领薪董事比例(NPay);管理层激励机制:管理层薪酬(MP)、管理层持股比例(MS)、两职分设(Dual);债权融资机制:资产负债率(Lev)、债务期限结构(SD);信息披露机制:审计意见清洁度(Audi)、审计意见质量(Four)、投资者法律保护机制(Law)、产品市场竞争(Pro)。控制变量:公司规模(Size)、成长性(Grow)、公司上市年限(Age),以及年度(Year)和行业(Indu)。

二、模型估计结果

表7.7、表7.8给出了模型的回归结果,各模型整体上均具有统计显著性。模型(7.8)、模型(7.16)的固定效应似然比检验(FELRT)显著,拒绝了混合效应,随机效应 Hausman 检验(REHT)不显著,不能拒绝随机效应,但根据第四章的解释,从公司治理的角度,认为随机扰动项与解释变量具有一定的相关性,因此,仍然选择固定效应模型估计结果。除模型(7.8)、模型(7.16)之外,其他模型的固定效应检验和随机效应检验均显著。所以全部模型均为固定效应的估计结果。各模型的 DW 值大致接近于2,基本消除了序列相关问题。调整后 R^2 较高,表明模型具有较强解释力。

表 7.7 集团控制与公司绩效（ROA、ROE）

变量	ROA			ROE		
	模型(7.1)	模型(7.2)	模型(7.3)	模型(7.9)	模型(7.10)	模型(7.11)
常数项	−0.1868***	−0.1882***	−0.3733***	−0.5913***	−0.5919***	−1.0581***
	(−9.7308)	(−9.7181)	(−11.7228)	(−12.9469)	(−12.3307)	(−12.5637)
CR1	0.0651***	0.0654***	0.0423***	0.1369***	0.1372***	0.1039**
	(13.0043)	(13.1956)	(2.4458)	(15.9851)	(15.8815)	(2.3102)
CR2-5	0.0214***	0.0217***	0.0059	0.0580***	0.0579***	0.0175
	(5.0812)	(5.207)	(0.2828)	(3.7144)	(3.7547)	(0.4158)
FS	0.0891***	0.0889***	0.1137***	0.1778***	0.1772***	0.2360***
	(8.6383)	(8.674)	(7.4318)	(9.339)	(9.3201)	(6.2445)
TS	0.0032**	0.0032**	0.0021	0.0095***	0.0097***	0.0083
	(2.3826)	(2.5058)	(0.5778)	(3.0701)	(3.0847)	(0.9565)
Sper	0.0056	0.0051	0.0206	0.008	0.0086	0.0389
	(0.721)	(0.6517)	(1.128)	(0.7333)	(0.7768)	(0.9561)
Boar	−0.0002	−0.0002	−0.0001	−0.0006	−0.0006*	−0.0003
	(−1.3626)	(−1.3591)	(−0.2641)	(−1.5061)	(−1.6454)	(−0.4646)
ID	−0.0053*	−0.0053	−0.0197	−0.0330**	−0.0314**	−0.0491
	(−1.6564)	(−1.5788)	(−1.5156)	(−2.4397)	(−2.3883)	(−1.4948)
NPay	0.0059***	0.0058***	0.0068**	0.0114***	0.0121***	0.0232**
	(4.2631)	(4.0495)	(2.3211)	(5.9769)	(6.4129)	(2.2951)
MP	0.0151***	0.0151***	0.0170***	0.0291***	0.0294***	0.0359***
	(14.9828)	(15.125)	(15.9692)	(26.351)	(32.319)	(22.3704)
MS	0.0426***	0.0425***	0.0700***	0.0813***	0.0804***	0.1130***
	(6.0859)	(6.0325)	(7.0772)	(7.3924)	(7.3017)	(5.4263)
Dual	0.0022**	0.0022**	0.0067***	0.0019	0.0019	0.0091
	(2.3424)	(2.3164)	(2.5886)	(1.4966)	(1.4773)	(1.0977)
Lev	−0.1172***	−0.1170***	−0.1477***	−0.1082***	−0.1081***	−0.1758***
	(−28.2096)	(−28.2772)	(−8.1154)	(−13.497)	(−13.4368)	(−4.029)

续表

变量	ROA			ROE		
	模型(7.1)	模型(7.2)	模型(7.3)	模型(7.9)	模型(7.10)	模型(7.11)
SD	0.0082***	0.0082***	0.0095	0.0062	0.0061	0.0141
	(3.2461)	(3.2409)	(1.0159)	(1.3025)	(1.2844)	(0.7239)
Audi	0.0097***	0.0097***	0.0164***	0.0271***	0.0270***	0.0397***
	(3.4098)	(3.4719)	(7.214)	(7.2328)	(7.0292)	(3.1604)
Four	−0.0009	−0.0009	0.002	−0.0046	−0.0048	−0.0089
	(−0.8594)	(−0.8493)	(0.3133)	(−1.4279)	(−1.4751)	(−0.7485)
Pro	−0.0041	−0.0043	−0.0044	0.004	0.0038	0.0151*
	(−1.2098)	(−1.1909)	(−0.9481)	(0.4149)	(0.3839)	(1.6569)
Law	0.0006***	0.0006***	0.0008*	0.0014***	0.0014***	0.0020**
	(4.4488)	(4.488)	(1.9009)	(6.1781)	(6.5394)	(2.1199)
Grou	−0.0056			−0.0125		
	(−1.09)			(−1.3696)		
State	−0.0125**			−0.0368***		
	(−2.3387)			(−4.9283)		
Grou * State	0.0115*			0.0259**		
	(1.7748)			(2.256)		
GPC		−0.0058	−0.0034		−0.0238***	−0.0193
		(−1.3376)	(−0.3321)		(−3.6622)	(−0.8872)
GPL		−0.0066	−0.0021		−0.0221***	−0.0056
		(−1.4913)	(−0.2095)		(−5.233)	(−0.2538)
GPP		−0.0057			−0.0122	
		(−1.0767)			(−1.3727)	
IC		−0.0045			−0.0390***	
		(−0.7223)			(−3.3267)	
IL		−0.0143***			−0.0358***	
		(−2.6167)			(−5.4383)	

续表

变量	ROA			ROE		
	模型(7.1)	模型(7.2)	模型(7.3)	模型(7.9)	模型(7.10)	模型(7.11)
Grow	0.0160***	0.0160***	0.0198***	0.0357***	0.0358***	0.0443***
	(12.7111)	(12.6382)	(6.8568)	(15.7213)	(15.6855)	(8.0168)
Size	0.0014	0.0015	0.0079***	0.0113***	0.0111***	0.0262***
	(1.3527)	(1.4029)	(5.1405)	(6.7619)	(6.5144)	(6.2045)
Age	−0.0016	−0.0016	0.0013	−0.0028	−0.0028	0.0013
	(−1.1442)	(−1.1858)	(0.2677)	(−1.1969)	(−1.1676)	(0.1599)
Ind&Year	control	control	control	control	control	control
N	5910	5910	4450	5910	5910	4450
Adj-R^2	0.8516	0.8518	0.6704	0.8250	0.8241	0.5606
F-Value	28.6033***	28.6210***	10.4960***	23.6909***	23.5064***	6.9561***
DW	2.0391	2.0399	2.0515	2.0551	2.0549	2.0963
FELRT	11.4005***	11.4090***	4.2276***	9.4547***	9.4571***	3.1159***
REHT	174.9***	179.39***	128.2140***	182.26***	185.13***	160.5434***

注:***、**、*分别表示在1%、5%、10%的水平上显著;系数下面为t值(双尾),并经 White 异方差调整。FELRT(Fixed Effects Likelihood Ratio Test)为模型固定效应似然比检验对应的F值及显著性,REHT(Random Effects Hausman Test)为模型随机效应豪斯曼检验对应的卡方值及显著性。

以上是对各模型的整体统计性质做出说明,下面对模型的估计结果进行具体分析。

模型(7.1)中,Grou 的系数为负,不显著,表明集团控制上市公司绩效低于独立上市公司,但差异不显著。因此,假设 7.1 仅得到了弱证据支持。

模型(7.2)中,对 GPL 和 IL 的系数进行系数差异显著性检验(Wald 检验),F 值为 9.5151,p 值为 0.002,显著,表明地方集团控制上市公司绩效高于地方独立上市公司,否定假设 7.1a。模型(7.2)中,GPP 的符号为负,不显著,表明民营集团控制上市公司绩效低于独立民营上市公司,但差异不显著。因此,假设 7.1b 仅得到了弱证据支持。

　　模型(7.3)中,GPC 和 GPL 的系数均为负,不显著,表明国有集团控制上市公司绩效低于民营集团控制上市公司,但不明显,假设 7.2 仅得到弱证据支持。模型(7.3)中,对 GPC 和 GPL 的系数进行系数差异显著性检验(Wald 检验),F 值为 0.1739,p 值为 0.6767,不显著,表明地方集团控制上市公司总资产净利率高于中央集团控制上市公司,但不明显,假设 7.3 仅得到弱证据支持。

　　对假设 7.4 的检验结合表 7.8 模型估计结果在下文单独分析。根据模型(7.3)的估计结果,分析假设 7.5 至假设 7.21 的受检验情况,对集团控制上市公司治理机制对公司绩效的效应进行总体分析如下:

　　股权集中度 CR1 与公司绩效显著正相关,假设 7.5 成立。股权制衡度 CR2-5 与公司绩效正相关,但不显著,假设 7.6 仅获得弱证据支持。机构投资者持股比例(FS)与公司绩效显著正相关,假设 7.7 成立。流通股比例(TS)与公司绩效正相关,但不显著,假设 7.8 仅获得弱证据支持。两权分离度(Sper)与公司绩效正相关,但不显著,假设 7.9 仅获得弱证据支持。

　　董事会规模(Boar)与公司绩效负相关,但不显著,假设 7.10 仅获得弱证据支持。独立董事比例 ID 与公司绩效负相关,但不显著,假设 7.11 不成立。因此,过大的董事会规模和高独立董事比例对公司绩效的提升是无效率的安排。未在本公司领薪董事比例与公司绩效显著正相关,假设 7.12 成立。两职分设(Dual)的公司具有更高的总资产净利率,假设 7.13 成立。

　　高管薪酬(MP)、高管持股比例(MS)与公司绩效显著正相关。因此,假设 7.14 成立,假设 7.15 成立,即提升高管激励能够有效促进集团控制上市公司绩效改善。

　　资产负债率与公司绩效显著负相关,假设 7.16 成立。流动负债比例与公司绩效正相关,但不显著,假设 7.17 仅获得弱证据支持。因此,债权融资机制对集团控制上市公司绩效的提升整体上是无效的,但缩短债务期限结构有助于改善公司绩效。

审计意见清洁度（Audi）与公司绩效显著正相关，假设7.18成立。审计意见质量（Four）与公司总资产净利率正相关，但不显著，假设7.19仅获得弱证据支持。考虑到上市公司聘请"四大"审计师事务所审计的比例较低，均值仅为0.0867（见第四章表4.8），并且主要集中在中央集团控制上市公司。所以，对公司绩效的提升，审计意见清洁度（Audi）在信息披露机制中的效用更大。

模型（7.3）中，产品市场竞争（Pro）系数为负，不显著，表明受保护行业的集团控制上市公司具有更低的绩效，即产品市场竞争有助于改善公司绩效。因此，假设7.20仅获得弱证据支持。

模型（7.3）中，投资者法律保护（Law）系数显著为正，表明分布在受法律保护程度更高地区的集团控制上市公司具有更好的绩效，因此，假设7.21成立。

从模型（7.3）的控制变量来看，营业收入增长率（Grow）、公司规模（Size）与公司总资产净利率（ROA）显著正相关，上市时间（Age）与公司绩效正相关，但不显著。表明集团控制上市公司具有规模效应和成长性驱动效应。

模型（7.4）中，管理费用率（MER）和总资金净占率（OCC4）的系数显著为负，表明在全样本下经理代理成和股东代理成本均对公司绩效有显著负面影响。对管理费用率（MER）和总资金净占率（OCC4）的系数进行系数差异显著性检验（Wald检验），F值为1339.633，p值为0，显著，进一步表明在全样本下经理代理成本比股东代理成本对公司绩效具有更大程度的负面影响。

但在模型（7.5）中，管理费用率（MER）系数显著为负，总资金净占率（OCC4）系数为负，但不显著，表明在整体集团控制上市公司样本下，经理代理对公司绩效有显著负面影响，股东代理成本负面影响不明显，因此，假设7.4成立。

在模型（7.6）中，管理费用率（MER）和总资金净占率（OCC4）的系数显著为负，表明中央集团控制上市公司的经理代理成和股东代理成本均对公司绩效有显著负面影响。对管理费用率（MER）和总资金净占用率（OCC4）的系数进行系数差异显著性检验（Wald 检验），F 值为 21.4591，p 值为 0，显著，进一步表明中央集团控制上市公司的经理代理成本比股东代理成本对公司绩效具有更大程度的负面影响。因此，假设 7.4a 成立。

在模型（7.7）、模型（7.8）中，管理费用率（MER）系数显著为负，总资金净占用率（OCC4）系数为负，但不显著，表明地方集团控制上市的经理代理对公司绩效有显著负面影响，股东代理成本负面影响不显著，在民营集团控制上市公司的情况同样如此，因此，假设 7.4b、假设 7.4c 成立。

表 7.8 两类代理成本与绩效（ROA）

解释变量	模型（7.4）全样本	模型（7.5）集团样本	模型（7.6）GPC	模型（7.7）GPL	模型（7.8）GPP
常数项	-0.0074	-0.1295^{***}	-0.2525^{***}	-0.0522	-0.0897
	(-0.3958)	(-3.1945)	(-6.0244)	(-0.9525)	(-0.8153)
MER	-0.1848^{***}	-0.1862^{***}	-0.2003^{***}	-0.2074^{***}	-0.1930^{***}
	(-30.0281)	(-7.7798)	(-4.9557)	(-4.4497)	(-6.2562)
OCC4	-0.0152^{***}	-0.0408	-0.0456^{**}	-0.0541	-0.0085
	(-2.8793)	(-1.468)	(-2.019)	(-0.9486)	(-0.299)
Lev	-0.1252^{***}	-0.1607^{***}	-0.1984^{***}	-0.1733^{***}	-0.1202^{***}
	(-20.0116)	(-9.0958)	(-12.5337)	(-10.0629)	(-5.3968)
Grow	0.0139^{***}	0.0178^{***}	0.0238^{***}	0.0181^{***}	0.0127^{***}
	(14.3401)	(6.2645)	(11.9167)	(7.0185)	(3.5271)
Size	0.0071^{***}	0.0121^{***}	0.0170^{***}	0.0120^{***}	0.0104^{***}
	(6.4999)	(12.7945)	(8.4357)	(10.6351)	(3.6002)
Age	-0.0030^{***}	0.0001	0.0018^{*}	-0.0082	-0.0006
	(-3.8739)	(0.0305)	(1.6968)	(-1.1193)	(-0.0699)
Ind&Year	control	control	control	control	control
N	5910	4450	1140	2013	1297
Adj-R^2	0.8699	0.6496	0.5967	0.6913	0.63741

解释变量	模型(7.4)	模型(7.5)	模型(7.6)	模型(7.7)	模型(7.8)
	全样本	集团样本	GPC	GPL	GPP
Ind&Year	control	control	control	control	control
F-Value	33.615***	9.8009***	7.1951***	10.8799***	8.4211***
DW	1.9870	1.9596	1.9675	1.9403	2.1083
FELRT	20.3304***	6.1143***	4.8834***	6.2031***	5.3368***
REHT	102.77***	79.5777***	57.4361***	47.5776***	34.9597

注:***、**、*分别表示在1%、5%、10%的水平上显著;系数下面为 t 值(双尾),并经 White 异方差调整。FELRT(Fixed Effects Likelihood Ratio Test)为模型固定效应似然比检验对应的 F 值及显著性,REHT(Random Effects Hausman Test)为模型随机效应豪斯曼检验对应的卡方值及显著性。

第四节　稳健性检验

为了进一步验证模型的稳健性,将模型(7.1)至模型(7.8)中的被解释变量更换为股东权益净利率(ROE),分别进行回归和模型设定检验,得到了模型(7.9)至模型(7.16)的回归结果。为了行文简洁起见,将模型(7.9)、模型(7.10)、模型(7.11)一并列入表7.7,而无再单独列表。模型(7.12)至模型(7.15)的估计结果详见表7.9。

表 7.9　两类代理成本与绩效(ROE)

解释变量	模型(7.12)	模型(7.13)	模型(7.14)	模型(7.15)	模型(7.16)
	全样本	集团样本	GPC	GPL	GPP
常数项	−0.3398***	−0.5503***	−0.6594***	−0.4402***	−0.3852
	(−7.227)	(−5.6144)	(−5.0129)	(−4.9237)	(−1.2574)
MER	−0.3381***	−0.3897***	−0.3012***	−0.4371***	−0.4524***
	(−13.9225)	(−6.16)	(−5.3351)	(−3.543)	(−4.265)

续表

解释变量	模型(7.12)	模型(7.13)	模型(7.14)	模型(7.15)	模型(7.16)
	全样本	集团样本	GPC	GPL	GPP
OCC4	−0.0384**	−0.0884	−0.1174*	−0. et al. ,9	0.0402
	(−2.1162)	(−1.4027)	(−1.9772)	(−0.9476)	(0.5525)
Lev	−0.1396***	−0.2011***	−0.2785***	−0.2193***	−0.1252**
	(−12.4034)	(−5.2683)	(−6.2675)	(−6.878)	(−2.661)
Grow	0.0303***	0.0401***	0.0557***	0.0395***	0.0285***
	(31.9749)	(6.6262)	(11.7626)	(7.1454)	(3.1674)
Size	0.0284***	0.0354***	0.0404***	0.0351***	0.0316***
	(8.742)	(9.4216)	(7.0875)	(12.1535)	(3.399)
Age	−0.0097***	−0.0013	−0.0003	−0.0151	−0.0109
	(−4.8229)	(−0.1822)	(−0.09)	(−1.1072)	(−0.6281)
Ind&Year	control	control	control	control	control
N	5910	4450	1140	2013	1297
Adj-R^2	0.8952	0.5362	0.5209	0.5609	0.533
F-Value	42.6937***	6.4888***	5.5524***	6.6369***	5.8181
DW	1.9905	2.0201	2.2012	1.9470	2.1276
FELRT	17.5588***	4.6644***	4.2340***	4.4325***	4.2455***
REHT	125.58***	109.8157***	67.1392***	70.2225***	29.6522

注：***、**、*分别表示在1%、5%、10%的水平上显著；包括内为 t 值（双尾），并经 White 异方差调整。FELRT(fixed effects likelihood ratio test)为模型固定效应似然比检验对应的 F 值及显著性，REHT(random effects Hausman test)为模型随机效应豪斯曼检验对应的卡方值及显著性。

模型(7.9)中，集团控制变量(Grou)的系数为负，不显著，表明集团控制上市公司绩效低于独立上市公司，但差异不显著。因此，假设7.1仅得到了弱证据支持。与上述关于假设7.1的结论一致。

模型(7.10)中，对 GPL 和 IL 的系数进行系数差异显著性检验

（Wald 检验），F 值为 8.7794，p 值为 0.0031，显著，表明地方集团控制上市公司绩效显著高于地方独立上市公司，否定假设 7.1a。模型 (7.10) 中，GPP 的符号为负，不显著，表明民营集团控制上市公司绩效低于独立民营上市公司，但差异不显著。因此，假设 7.1b 仅得到了弱证据支持。与上述关于假设 7.1a、假设 7.1b 的结论一致。

模型 (7.11) 中，GPC 和 GPL 的系数均为负，不显著，表明国有集团控制上市公司绩效低于民营集团控制上市公司，但不明显，假设 7.2 仅得到弱证据支持。与上述关于假设 7.2 结论一致。

模型 (7.11) 中，对 GPC 和 GPL 的系数进行系数差异显著性检验（Wald 检验），F 值为 3.5572，p 值为 0.0594，显著，表明地方集团控制上市公司股东权益净利率显著高于中央集团控制上市公司，假设 7.3 成立。结合在模型 (7.3) 中对假设 7.3 的检验。可以认为地方集团控制上市公司绩效高于中央集团控制上市公司。这是对上述关于假设 7.3 结论的强化。

模型 (7.11) 与模型 (7.3) 中，关于假设 7.5 至假设 7.12、假设 7.14 至假设 7.18、假设 7.21 的检验结论完全相同，关于假设 7.13 的检验结果略有差异，关于假设 7.19、假设 7.20 则差异较大。在模型 (7.3) 中，Dual 的系数显著为正，结果表明两职分设的集团控制上市公司总资产净利率显著高于两职合一的集团控制上市公司，在模型 (7.11) 中，系数为正，但不显著，结果表明两职分设的集团控制上市公司股东权益净利率高于两职合一的集团控制上市公司，但差异不明显。因此，假设 7.3 基本成立。

对于假设 7.19，在模型 (7.3) 中，Four 的系数为 0.002，不显著，在模型 (7.11) 中，Four 的系数为 −0.0089，不显著。表明经"四大"会计师事务所审计与集团控制上市公司总资产净利率弱正相关，与股东权益净利率弱负相关，进一步深入实证分析发现（受篇幅、结构限制，未在文中具体列出），经"四大"会计师事务所"审计与中央集团控制上市公司总资产净利率、股东权益净利率弱正相关，与地方集团控制上市公司和民营集团控制上市公司总资产净利率均弱负相关、股东权益净利率均显著负相关。因此,对中央集团控制上市公司,经"四大"会计师事务所审计对公司绩效提升具有一定作用,但在地方集团控制上市公司和民营集团控制上市公司,经"四大"会计师事务所审计对公司绩效却具有负影响。

关于假设 7.20,在模型(7.3)中,PRO 系数为负,但不显著,表明产品市场竞争在较低程度上有助于改善公司总资产净利率。在模型(7.11)中,PRO 系数显著为正,表明受保护行业的集团控制上市公司具有更高的股东权益净利率。根据 ROA 和 ROE 两个指标的构成,对PRO 在模型(7.3)和模型(7.11)中的系数变化的可能解释是受保护行业集团控制上市公司具有更高的资产负债率,在第四章表 4.10 中发现,PRO 与 LEV 的相关系数显著为正,初步印证了该解释。因此,关于假设 7.20 的稳健性检验未通过,认为受保护行业集团控制上市公司具有垄断利润,同时具有更大规模的负债,因而表现出显著更高的股东权益净利率和相对较低的总资产净利率。

对假设 7.4、假设 7.4a、假设 7.4b、假设 7.4c 成立的稳健性检验见表 7.9 模型(7.12)至模型(7.16)。模型(7.12)中,MER 和 OCC4 的系数显著为负,表明在全样本下经理代理成和股东代理成本均对公司绩效有显著负面影响。对 MER 和 OCC4 的系数进行系数差异显著性检验(Wald 检验),F 值为 554.1163,p 值为 0,显著,进一步表明在全样本下经理代理成本比股东代理成本对公司绩效具有更大程度的负面影响。与模型(7.4)的有关结论一致。

在模型(7.13)中,MER 系数显著为负,OCC4 系数为负,但不显著,表明在整体集团控制上市公司样本下,经理代理对公司绩效有显著负面影响,股东代理成本负面影响不明显。与模型(7.5)中的相关结论一致。因此,假设 7.4 成立的结论是稳健的。

在模型(7.14)中,MER 和 OCC4 的系数显著为负,表明中央集团控制上市公司的经理代理成和股东代理成本均对公司绩效有显著负面影响。对 MER 和 OCC4 的系数进行系数差异显著性检验（Wald 检验），F 值为 4.6338，p 值为 0.0316，显著，进一步表明中央集团控制上市公司的经理代理成本比股东代理成本对公司绩效具有更大程度的负面影响。与模型（7.6）中有关假设 7.4a 的结论是一致的。因此，假设 7.4a 成立的结论是稳健的。

在模型（7.15）、模型（7.16）中，MER 系数显著为负，OCC4 系数为负，但不显著，表明地方集团控制上市的经理代理对公司绩效有显著负面影响，股东代理成本负面影响不显著，在民营集团控制上市公司的情况同样如此。这与模型（7.7）、模型（7.8）有关假设 7.4b、假设 7.4c 的结论是一致的。因此，假设 7.4b、假设 7.4c 成立的结论稳健。

第五节　结　论

基于以上实证分析，可以得出以下几个重要结论：

第一，集团控制上市公司的公司绩效低于独立上市公司，但差异程度并不明显。具体到不同产权性质集团控制公司绩效与相应独立上市公司的比较又有差异，地方集团控制上市公司绩效显著高于地方独立上市公司；民营企业集团控制上市公司绩效低于民营独立上市公司，但差异不显著。因此，地方国企的企业集团控制是一种有效的制度结构安排，民营企业的企业集团控制相对而言是无效率的。

第二，不同产权性质的集团控制上市公司绩效之间具有差异。国有集团控制上市公司绩效低于民营集团控制上市公司，但差异不显著；地方集团控制上市公司绩效显著高于中央集团控制上市公司。因此，就集团控制上市公司而言，就国有集团控制上市公司而言，中央退地方进，则可以显著提升效率。

第三，在前两章分别讨论了两类代理成本的基础上，本章创造性地将两类代理成本与公司绩效置于统一的分析框架之中,实证发现尽管存在双重代理问题,但对公司绩效消极影响更突出的是经理代理成本,而不是股东代理成本。因此,就集团控制上市公司治理机制效率提升而言,治理的重点是经理代理成本,而不是股东代理成本。具体来看,在全样本下,经理代理成本和股东代理成本均对公司绩效有显著负面影响,通过系数约束性检验,发现经理代理成本负面影响比股东代理成本更突出。在集团控制上市公司样本下,只有经理代理成本对公司绩效有显著负面影响,股东代理成本对公司绩效有负面影响但不显著。更进一步,将集团控制上市公司按照产权性质划分,地方集团控制上市公司和民营集团控制上市公司中,只有经理代理成本对公司绩效有显著负面影响,股东代理成本对公司绩效有负面影响但不显著。中央集团控制上市公司中,经理代理成本和股东代理成本均对公司绩效有显著负面影响,通过系数约束性检验,发现经理代理成本的负面影响比股东代理成本更突出。

第四,就公司治理机制对促进公司绩效提升的效果而言,集团控制上市公司的治理机制整体弱势有效。股权集中度、机构投资者持股比例与公司绩效显著正相关。股权制衡度、流通股比例、两权分离度与公司绩效正相关,但不显著。董事会规模与公司绩效负相关,但不显著。独立董事比例与公司绩效负相关,但不显著。因此,董事会规模过大和独立董事比例过高对公司绩效的提升都是无效率的安排。不领薪董事的比例与公司绩效显著正相关。两职分设的公司具有更高的总资产净利率。高管薪酬、高管持股比例与公司绩效显著正相关。因此,即提升高管激励能够有效促进集团控制上市公司绩效改善。资产负债率与公司绩效显著负相关。流动负债比例与公司绩效正相关,但不显著。因此,债权融资机制对集团控制上市公司绩效的提升整体上是无效的,但缩短债务期限结构有助于改善公司绩效。审计意见清洁度与公司绩效显著正相关。对中央集团控制上市公司,经"四大"会计师事务所审计对公司绩效提升具有一定作用,但在地方集团控制上市公司和民营集团控制上市公司,经"四大"会计师事务所审计对公司绩效却具有负影响。受保护行业集团控制上市公司具有垄断利润,同时具有更大规模的负债,因而表现出显著更高的股东权益净利率和相对较低的总资产净利率。分布在受法律保护程度更高地区的集团控制上市公司具有更好的绩效。另外,公司成长性、规模与公司总资产净利率显著正相关,上市时间与公司绩效正相关,但不显著。表明集团控制上市公司具有规模效应和成长性驱动效应。

本章小结

本章是揭示集团控制上市公司治理机制效应的第三、第四个环节。在提出研究假设的基础上,通过构建以公司绩效为被解释变量面板数据模型,利用相同的样本,估计得出集团控制上市公司治理机制对公司绩效的作用结果,以及两类代理成本对公司绩效的作用结果。

第八章　研究结论、实践启示与研究展望

第一节　研究结论

本书将企业集团控制、公司治理机制、经理代理成本、股东代理成本、公司绩效置于统一的分析框架之中，从企业集团控制上市公司治理机制与经理代理成本、股东代理成本、公司绩效以及企业集团控制上市公司两类代理成本与公司绩效等系统视角，以2007—2011年沪深A股上市公司面板数据为样本，采用面板数据固定效应模型，对企业集团控制上市公司与独立上市公司、国有集团控制上市公司与民营集团控制上市公司、地方国有集团控制上市公司与中央集团控制上市公司进行比较分析，得出如下研究结论：

第一，企业集团控制上市公司的经理代理成本、股东代理成本高于独立上市公司，公司绩效弱低于独立上市公司。其中，民营集团控制上市公司经理代理成本、股东代理成本显著高于民营独立上市公司，公司绩效弱低于民营独立上市公司。地方集团控制上市公司的经理代理成本、股东代理成本低于地方独立上市公司，公司绩效显著高于地方独立上市公司。因此，企业集团控制上市公司的制度结构安排，对国企是有效率的改进，对私企则是无效率的。

第二,国有集团控制上市公司的经理代理成本弱高于民营集团控制上市公司,股东代理成本弱低于民营集团控制上市公司,公司绩效弱低于民营集团控制上市公司。考虑到国有产权的细分,地方集团控制上市公司的经理代理成本、股东代理成本高于中央集团控制上市公司,差异不显著,公司绩效显著高于中央集团控制上市公司。因此,就集团控制上市公司而言,国退民进可以提升效率;进一步,就国有集团控制上市公司而言,中央退地方进,则可以显著提升效率。

第三,企业集团控制上市公司尽管存在双重代理问题,但对公司绩效消极影响更突出的是经理代理成本,而不是股东代理成本。因此,就集团控制上市公司治理机制效率提升而言,治理的重点是经理代理成本,而不是股东代理成本。从全体上市公司看来,经理代理成本和股东代理成本均对公司绩效有显著负面影响,但经理代理成本负面影响比股东代理成本更突出。单就整体集团控制上市公司而言,只有经理代理成本对公司绩效有显著负面影响,股东代理成本对公司绩效有负面影响但不显著。更进一步,将集团控制上市公司按照产权性质划分,地方集团控制上市公司和民营集团控制上市公司中,只有经理代理成本对公司绩效有显著负面影响,股东代理成本对公司绩效有负面影响但不显著。中央集团控制上市公司中,经理代理成本和股东代理成本均对公司绩效有显著负面影响,但经理代理成本负面影响比股东代理成本更突出。

第四,就公司治理机制对抑制经理代理成本的效果而言,集团控制上市公司的治理机制整体弱势有效。具体而言,高管薪酬、高管持股、两职分设、审计意见清洁度、债务期限结构、产品市场竞争等机制能够有效抑制经理代理成本。过大的董事会规模会导致对经理代理成本监督的无效率。资产负债率增加会加重经理代理问题。独立董事比例和股权制衡度对抑制经理代理成本的作用具有不确定性。其他治理机制可以约束经理代理行为,但作用并不明显。

第五,就公司治理机制对抑制股东代理成本的效果而言,集团控制上市公司的治理机制整体弱势有效,但作用机理复杂,并且具有结构性差异。股权集中度的增加,导致上市公司的集团控股股东对非经营性资金的净占用显著增加,但会减少对经营性资金的净占用。与此对应,股权制衡度的增加有效地制约了上市公司的集团大股东对经营性资金的净占用,却助长了上市公司的集团大股东对非经营性资金的净占用。机构投资者持股比例增加有效地制约了上市公司的集团大股东代理成本。流通股比例增加会恶化集团控股上市公司股东代理问题。随着两权分离度的增加,上市公司的集团控股股东会转向更隐蔽更严重的经营性资金占用。董事会规模和独立董事比例增加对抑制股东代理行为是无效的。两职分设仅能够在较低程度上抑制大股东代理问题。本公司不领薪董事比例增加可以减轻集团大股东对非经营性资金净占用,但会加重对经营性资金净占用。在集团控制上市公司高管持股比例偏低的当前,高管激励增加使得高管更倾向采取配合大股东掏空的行为。由于在受保护行业的集团控制上市公司往往面临国家更严厉的监管和更多的社会公众的监督,因而明显遭受到更轻的集团大股东侵占。债权融资机制、信息披露机制、投资者法律保护机制能够有效抑制大股东代理问题。

第六,就公司治理机制对促进公司绩效提升的效果而言,集团控制上市公司的治理机制整体弱势有效。股权集中度、机构投资者持股比例与公司绩效显著正相关。股权制衡度、流通股比例、两权分离度与公司绩效正相关,但不显著。董事会规模与公司绩效负相关,但不显著。独立董事比例与公司绩效负相关,但不显著。因此,过大的董事会规模和高独立董事比例对公司绩效的提升是无效率的安排。本公司不领薪董事比例与公司绩效显著正相关。两职分设的公司具有更高的总资产净利率。高管薪酬、高管持股比例与公司绩效显著正相关。因此,提升高管激励能够有效促进集团控制上市公司绩效。资产负债率与公司绩效显著负相关。流动负债比例与公司绩效正相关,但不显著。因此,债权融资机制对集团控制上市公司绩效的提升基本无效,但缩短债务期限结构有助于改善公司绩效。审计意见清洁度与公司绩效显著正相关。对中央集团控制上市公司,经"四大"会计师事务所审计对公司绩效提升具有一定作用,但对地方集团控制上市公司和民营集团控制上市公司却具有负影响。受保护行业集团控制上市公司具有垄断利润,同时具有更大规模的负债,因而表现出显著更高的股东权益净利率和相对较低的总资产净利率。分布在受法律保护程度更高地区的集团控制上市公司具有更好的绩效。

第二节 实践启示

集团控制在我国是普遍存在的一种公司制度安排(武常岐等,2011;徐虹等,2018),约有60%以上的上市公司附属于企业集团(郑国坚等,2012),该种治理安排具有掏空和支持的两面性,一方面,集团控股股东对私有利益的追逐具有掏空其控制的子公司的天然掠夺性(Friedman et al.,2003);另一方面,考虑到整个集团的可持续发展、利益最大化,以及经济周期变化,利用整个集团网络,集团控股股东对其控制子公司又有支持和利益输送行为。同时,根据集团最终控制人性质不同,可分为国有集团控制、民营集团控制,国有集团控制进一步可分为中央国有集团控制和地方国有集团控制,由于控制人性质不同,控股股东有着不同的战略取向、资源禀赋以及组织性格。

第一,在集团控制公司机制设计时,需要树立系统思维。从集团控制整体系统出发,将集团控制治理机制—两类代理成本—公司绩效置于统一三维分析统一框架中,有益于实现更好的政策效果。

第二,对不同类型的集团控制公司治理机制,坚持分而治之的原则。对不同性质的集团控制公司,宜采用差异化治理策略。企业的集团化是企业组织形式演变的趋势,不同性质、不同成长阶段的企业集团需要设计不同的治理策略，以提升企业集团整体治理效应。

第三，在渐进化的改革中，对集团控制公司治理机制，需要强调动态优化的生态战略。在大数据、智能化、移动互联、物联网和云计算飞速发展的时代背景下，业财融合日益加深，集团控制治理机制效应得以即时反映。从集团整体战略出发，选准政策目标对象，根据具体对象选择适用的治理机制，确保预期治理效果得以实现，与此同时，根据治理机制体系的平台化即时反映，动态调整治理机制具体政策。

第三节　研究展望

在我国新兴加转轨的经济制度背景下，面对资本、人才、产品、技术等诸多市场不完善，企业集团作为国企改革的手段和工具，为实现填补制度空缺、经济赶超、产业结构调整等功能，在政府导向和市场机制双重作用下大量涌现。同时，我国企业集团特定的形成路径和证券发行制度，使得资本市场中的上市公司呈现企业集团控制和政府控制两大特征。在渐进式改革进程中，上市公司的企业集团控制是否依然有效成为众人关切的课题。以代理理论、交易成本理论、产权理论和企业集团成因理论为基础，将集团控制、治理机制、代理成本、公司绩效置于统一的分析框架之中，是本书试图回答上述问题的一个大胆尝试，并得出了与以往相关文献不尽相同的结论。尽管笔者已经为此做了大量研究工作，但仍然存在不足和遗漏，尚待后续研究进一步发展和完善：

第一，本书是从外生的假定下，研究了企业集团控制上市公司治理机制的效应，但集团控制、治理机制、代理成本、公司绩效相互之间可能存在一定的内生性。因此，为了得到更加稳健的结论，需要在本研究的基础上，从内生视角出发研究企业集团控制上市公司治理机制的效应。

第二，为了方便获取样本数据，本书选择了 2007—2011 年上市公司的面板样本数据。但这一期间,受金融危机的影响,我国经济增速放缓,尽管在固定效应面板回归模型中控制了年度虚拟变量,但仍无法排除经济周期对企业集团控制上市公司治理机制效应的影响。因此,需要进一步拓宽样本区间,使样本区间涵盖完整的经济周期,对 2007—2011 年、2011—2015 年、2015—2019 年三个时期的样本数据进行比较,考察经济周期不同阶段对企业集团控制上市公司治理机制效应的影响。同时,企业集团是制度演进的产物,企业集团控制上市公司治理机制效应随制度演进而动态发生变化。因此,随着时间的推移,财政、税收、金融、产权等制度伴随市场化进程中,需要进一步考察企业集团控制上市公司治理机制效应的变化轨迹和路径。

第三,受数据收集的限制,本书将企业集团控制上市公司作为研究对象,但没有区分同一集团内不同成员的治理效应,同一集团内不同成员企业治理机制效应可能不尽相同。因此,需要以企业集团为单位,考察不同结构企业集团治理机制效应的差异。另外,对企业集团控制上市公司绩效变量,本书仅选择了财务指标,需要在此基础上,考察选择市场价值指标时相应结论的稳定性。

第四,本书将企业集团控制、公司治理机制、经理代理成本、股东代理成本、公司绩效置于统一的分析框架中,进行系统性实证,但系统化水平不够高,需要进一步建立数学模型,通过数理推导,做出更严格的规范性论证。

参考文献

[1] 艾春荣,2003.纵列数据回归[M]//林少宫.微观计量经济学要义:问题与方法探讨.武汉:华中科技大学出版社.

[2] 蔡传里,许家林,2009.公司信息透明度与价值相关性——来自深市上市公司 2004－2006 年的经验证据[J].山西财经大学学报(7):74-83.

[3] 蔡吉甫,谢盛纹,2007.公司治理与代理成本关系研究[J].河北经贸大学学报(4):58-66.

[4] 陈德萍,陈永圣,2011.股权集中度、股权制衡度与公司绩效关系研究——2007－2009 年中小企业板块的实证检验[J].会计研究(1):38-43.

[5] 陈冬华,陈信元,万华林,2005.国有企业中的薪酬管制与在职消费[J].经济研究(2):92-101.

[6] 陈恩,揭水利,2009.对我国证券发行制度变迁与创新的思考——基于新制度经济学的视角[J].金融经济(6):5-6.

[7] 陈耿,周军,2004.企业债务融资结构研究——一个基于代理成本的理论分析[J].财经研究(2):58-65.

[8] 陈建林,2010.家族企业高管薪酬机制对代理成本影响的实证分析[J].经济管理(4):72-77.

[9] 陈强,2010.高级计量经济学及 Stata 应用[M].北京:高等教育出

版社.

[10] 陈炜,孔翔,许年行,2008.我国中小投资者法律保护与控制权私利关系实证检验[J].中国工业经济(1):24-31.

[11] 陈晓,李静,2001.地方政府财政行为在提升上市公司业绩中的作用探析[J].会计研究(12):20-28.

[12] 褚玉春,刘建平,2009.债务融资对制造业经营绩效的影响效应研究——基于广义矩法估计的动态面板数据分析[J].数量经济技术经济研究(9):79-91.

[13] 戴钰,2011.我国上市公司负债融资的治理效应研究[J].湖南大学学报(社会科学版)(1):57-62.

[14] 邓建平,曾勇,何佳,2007.改制模式、资金占用与公司绩效[J].中国工业经济(1):104-112.

[15] 邓莉,张宗益,李宏胜,2007.银行债权的公司治理效应研究——来自中国上市公司的经验证据[J].金融研究(1):61-70.

[16] 杜湘红,2010.基于公司内部治理的监管政策效率研究[D].长沙:中南大学,2010.

[17] 杜兴强,王丽华,2007.高层管理当局薪酬与上市公司业绩的相关性实证研究[J].会计研究(1):58-65.

[18] 杜兴强,周泽将,2009.信息披露质量与代理成本的实证研究——基于深圳证券交易所信息披露考评的经验证据[J].商业经济与管理(12):76-82.

[19] 樊纲,王小鲁,朱恒鹏,2011.中国市场化指数——各地区市场化相对进程2011年报告[M].北京:经济科学出版社.

[20] 费方域,1998.企业的产权分析[M].上海:上海三联书店.

[21] 高雷,高田,2010.信息披露、代理成本与公司治理[J].财经科学(12):34-42.

[22] 高雷,何少华,黄志忠,2006.公司治理与掏空[J].经济学(季刊)(4):1157-1178.

[23] 高雷,宋顺林,2007.董事会、监事会与代理成本——基于上市公司 2002－2005 年面板数据的经验证据[J].经济与管理研究(10): 18-24.

[24] 高雷,宋顺林,2007.掏空、财富效应与投资者保护——基于上市公司关联担保的经验证据[J].中国会计评论(1):21-42.

[25] 高铁梅,2016.计量经济分析方法与建模:EViews 应用及实例[M]. 北京:清华大学出版社.

[26] 古扎拉蒂,2005.计量经济学基础[M].费剑平,孙春霞,译.北京:中国人民大学出版社.

[27] 郝颖,刘星,2009.资本投向、利益攫取与挤占效应[J].管理世界 (5):128-144.

[28] 黄福广,李广,李西文,2011.高管薪酬、行政级别与代理成本[J].科学学与科学技术管理(2):171-180.

[29] 黄文青,2010.我国上市公司债权融资的治理效应研究[J].财经问题研究.(8):69-72.

[30] 计方,刘星,2014.集团控制、融资优势与投资效率[J].管理工程学报(1):26-38.

[31] 姜付秀,黄磊,张敏,2009.产品市场竞争、公司治理与代理成本[J]. 世界经济(10):46-59.

[32] 蒋荣,陈丽蓉,2007.产品市场竞争治理效应的实证研究:基于 CEO 变更视角[J].经济科学(2):102-111.

[33] 蒋卫平,2006.我国企业集团对上市子公司业绩影响之研究[D].上海:复旦大学.

[34] 蒋琰,陆正飞,2009.公司治理与股权融资成本——单一与综合机制的治理效应研究[J].数量经济技术经济研究(2):60-75.

[35] 科斯,阿尔钦,诺斯,1994.财产权利与制度变迁[M].上海:上海人民出版社.

[36] 蓝海林,2004.经济转型中我国国有企业集团行为的研究[D].广

州:暨南大学.

[37] 李汉军,2007.民营上市公司的治理机制与绩效[M].北京:中国金融出版社.

[38] 李明辉,2009.股权结构、公司治理对股权代理成本的影响——基于中国上市公司 2001~2006 年数据的研究[J].金融研究(2):149-168.

[39] 李世辉,林勇,贺勇,2017.集团控制与上市公司过度负债——基于上证 A 股制造业上市公司的经验证据[J].中南大学学报(社会科学版),23(6):94-100.

[40] 李维安,李汉军,2006.股权结构、高管持股与公司绩效——来自民营上市公司的证据[J].南开管理评论(5):4-10.

[41] 李云鹤,李湛,唐松莲,2011.企业生命周期、公司治理与公司资本配置效率[J].南开管理评论(3):110-121.

[42] 李增泉,2000.激励机制与企业绩效——一项基于上市公司的实证研究[J].会计研究(1):24-30.

[43] 李增泉,孙铮,王志伟,2004."掏空"与所有权安排——来自我国上市公司大股东资金占用的经验证据[J].会计研究(12):3-13.

[44] 李增泉,辛显刚,于旭辉,2008.金融发展、债务融资约束与金字塔结构——来自民营企业集团的证据[J].管理世界(1):123-135.

[45] 李增泉,余谦,王晓坤,2005.掏空、支持与并购重组——来自我国上市公司的经验证据[J].经济研究(1):95-105.

[46] 林朝南,刘星,郝颖,2007.上市公司债务融资治理效应的实证检验[J].统计与决策(9):93-95.

[47] 林有志,张雅芬,2007.信息透明度与企业经营绩效的关系[J].会计研究(9):26-34.

[48] 林钟高,魏立江,王海生,2012.投资者法律保护、产品市场竞争与公司价值[J].审计与经济研究(5):57-67.

[49] 刘峰,贺建刚,魏明海,2004.控制权、业绩与利益输送——基于五粮

液的案例研究[J].管理世界(8):102-110,118.

[50] 刘建民,刘星,2007.关联交易与公司内部治理机制实证研究——来自沪深股市的经验证据[J].中国软科学(1):79-89.

[51] 刘启亮,李增泉,姚易伟,2008.投资者保护、控制权私利与金字塔结构——以格林柯尔为例[J].管理世界(12):139-148.

[52] 刘星,代彬,郝颖,2010.掏空、支持与资本投资——来自集团内部资本市场的经验证据[J].中国会计评论(2):201-222.

[53] 刘兴强,2002.国有上市公司的集团控制及其治理[J].中国工业经济(3):64-69.

[54] 刘银国,高莹,白文周,2010.股权结构与公司绩效相关性研究[J].管理世界(9):177-179.

[55] 刘运国,高亚男,2007.我国上市公司股权制衡与公司业绩关系研究[J].中山大学学报(社会科学版)(4):102-108.

[56] 罗党论,唐清泉,2007.市场环境与控股股东"掏空"行为研究——来自中国上市公司的经验证据[J].会计研究(4):69-74.

[57] 罗炜,朱春艳,2010.代理成本与公司自愿性披露[J].经济研究(10):143-155.

[58] 吕长江,肖成民,2006.民营上市公司所有权安排与掏空行为——基于阳光集团的案例研究[J].管理世界(10):128-138.

[59] 马磊,徐向艺,2010.两权分离度与公司治理绩效实证研究[J].中国工业经济(12):108-116.

[60] 宁向东,2006.公司治理理论[M].北京:中国发展出版社.

[61] 平乔维奇,2000.产权经济学[M].蒋琳琦,译.北京:经济科学出版社.

[62] 蒲自立,刘芍佳,2004.公司控制中的董事会领导结构和公司绩效[J].管理世界(9):117-122.

[63] 钱婷,武常岐,2016.国有企业集团公司治理与代理成本——来自国有上市公司的实证研究[J].经济管理(8):55-67.

[64] 强国令,闫杰,2012.制度变迁是否改善了公司治理效应——来自股权分置改革的经验证据[J].财经科学(8):58-66.

[65] 邵国良,2005.民营上市公司大股东控制的公司治理效应研究[D].武汉:华中科技大学.

[66] 邵国良,王满四,2005.上市公司负债融资的股权结构效应实证分析[J].中国软科学(3):61-66.

[67] 邵军,刘志远,2007."系族企业"内部资本市场有效率吗? 基于鸿仪系的案例研究[J].管理世界(7):114-121.

[68] 盛毅,2010.中国企业集团发展的理论与实践[M].北京:人民出版社.

[69] 史晓明,2010.机构投资者的公司治理效应[D].南京:南京农业大学.

[70] 宋力,韩亮亮,2005.大股东持股比例对代理成本影响的实证分析[J].南开管理评论(1):30-34.

[71] 宋增基,李春红,卢溢洪,2009a.董事会治理、产品市场竞争与公司绩效:理论分析与实证研究[J].管理评论(9):120-128.

[72] 宋增基,卢溢洪,张宗益,2009b.董事会规模、内生性与公司绩效研究[J].管理学报(2):213-221.

[73] 宋增基,张宗益,朱健,2005.上市公司经营者股权激励的影响分析[J].管理评论(3):3-8.

[74] 覃忠,2009.中国民营企业公司治理模式的变化[M].北京:社会科学文献出版社.

[75] 谭云清,韩忠雪,朱荣林,2007.产品市场竞争的公司治理效应研究综述[J].外国经济与管理(1):54-59.

[76] 谭云清,朱荣林,韩忠雪,2008.产品市场竞争、经理报酬与公司绩效:来自中国上市公司的证据[J].管理评论(2):58-62.

[77] 汤小莉,2010.自然人控股的我国上市公司治理机制及其治理效应的研究[D].西安:西北大学.

[78] 唐清泉,罗党论,王莉,2005.大股东的隧道挖掘与制衡力量——来自中国市场的经验证据[J].中国会计评论(1):63-86.

[79] 唐宗明,蒋位,2002.中国上市公司大股东侵害度实证分析[J].经济研究(4):44-50.

[80] 汪炜,蒋高峰,2004.信息披露、透明度与资本成本[J].经济研究(7):107-114.

[81] 汪玉兰,窦笑晨,李井林,2020.集团控制会导致企业过度负债吗[J].会计研究(4):76-87.

[82] 王大义,2009.资本、股权和债权结构与公司治理效应的相关性研究[J].企业经济(4):183-186.

[83] 王茜,刘昱沛,2019.第二类代理成本、证券监管与业绩快报自愿披露[J].南京审计大学学报(5):74-83.

[84] 王华,黄之骏,2006.经营者股权激励、董事会组成与企业价值——基于内生性视角的经验分析[J].管理世界(9):101-116.

[85] 王克敏,姬美光,李薇,2009.公司信息透明度与大股东资金占用研究[J].南开管理评论(4):83-91.

[86] 王满四,2003.负债融资的公司治理效应及其机制研究[D].杭州:浙江大学.

[87] 王满四,邵国良,2007.民营上市公司大股东机制的公司治理效应实证分析——考虑各种主体治理机制的相关性[J].金融研究(2):133-145.

[88] 王鹏,2008.投资者保护、代理成本与公司绩效[J].经济研究(2):68-82.

[89] 王雄元,刘焱,全怡,2009.产品市场竞争、信息透明度与公司价值——来自2005年深市上市公司的经验数据[J].财贸经济(10):30-36.

[90] 王雪荣,董威,2009.中国上市公司机构投资者对公司绩效影响的实证分析[J].中国管理科学(2):15-20.

[91] 威廉姆森,2002.资本主义经济制度[M].段毅才,王伟,译.北京:商务印书馆.

[92] 威廉姆森,2011.市场与层级制:分析与反托拉斯含义[M].蔡晓月,译.上海:上海财经大学出版社.

[93] 魏刚,2000.高级管理层激励与上市公司经营绩效[J].经济研究(3):32-39.

[94] 巫升柱,2007.自愿披露水平与股票流动性的实证研究——基于中国上市公司年度报告的经验[J].财经问题研究(8):59-65.

[95] 吴婧,2007.上市公司负债融资治理效应研究[D].镇江:江苏大学.

[96] 吴淑琨,柏杰,席西民,1998.董事长与总经理两职的分离与合一——中国上市公司实证分析[J].经济研究(8):21-28.

[97] 吴永明,袁春生,2007.法律治理、投资者保护与财务舞弊:一项基于上市公司的经验证据[J].中国工业经济(3):104-111.

[98] 吴战篪,乔楠,余杰,2008.信息披露质量与股票市场流动性——来自中国股市的经验证据[J].经济经纬(1):138-141.

[99] 吴祖光,万迪昉,2011.产权性质、债务融资与盈余质量——来自我国制造业上市公司的经验证据[J].经济管理(5):129-136.

[100] 武常岐,钱婷,2011.集团控制与国有企业治理[J].经济研究(6):93-104.

[101] 夏立军,方轶强,2005.政府控制、治理环境与公司价值——来自中国证券市场的经验证据[J].经济研究(5):40-51.

[102] 肖作平,陈德胜,2006.公司治理结构对代理成本的影响——来自中国上市公司的经验证据[J].财贸经济(12):29-35.

[103] 辛清泉,郑国坚,杨德明,2007.企业集团、政府控制与投资效率[J].金融研究(10):123-142.

[104] 徐虹,李敏,芮晨,2018.集团控制、并购与上市公司现金持有[J].会计与经济研究(2):58-74.

[105] 徐莉萍,辛宇,陈工孟,2006.股权集中度和股权制衡及其对公司经

营绩效的影响[J].经济研究(1):90-100.

[106] 许艳芳,张伟华,文旷宇,2009.系族企业内部资本市场功能异化及其经济后果——基于明天科技的案例研究[J].管理世界(1):103-109.

[107] 杨松武,2008.关于控制性股东代理成本与公司治理机制功效的探讨[J].吉林工商学院学报(2):58-63.

[108] 杨松武,2009a.论公司代理成本研究架构的理论演进——兼谈我国上市公司两类代理成本问题[J].河北经贸大学学报(4):42-46.

[109] 杨松武,2009b.上市公司治理机制——基于两类代理成本的研究[M].北京:经济管理出版社.

[110] 杨小凯,黄有光,1999.专业化与经济组织[M].北京:经济科学出版社.

[111] 银莉,陈收,2009.企业集团特征、内部资本配置与成员企业价值[J].学术界(3):148-152.

[112] 于换军,2020.制度环境对企业集团发展的影响——基于省际面板数据的经验分析[J].中央财经大学学报(5):95-106.

[113] 于健南,2010.信息透明度与企业价值——基于中国上市家族公司的经验证据[J].产业经济研究(5):58-70.

[114] 余明桂,夏新平,潘红波,2007.控股股东与小股东之间的代理问题:来自中国上市公司的经验证据[J].管理评论(4):3-12.

[115] 岳希明,李实,史泰丽,2010.垄断行业高收入问题探讨[J].中国社会科学(3):77-93.

[116] 曾庆生,陈信元,2006.何种内部治理机制影响了公司权益代理成本——大股东与董事会治理效率的比较[J].财经研究(2):106-117.

[117] 曾颖,陆正飞,2006.信息披露质量与股权融资成本[J].经济研究(2):69-79.

[118] 曾志远,蔡东玲,武小凯,2018."监督管理层"还是"约束大股东"?

基金持股对中国上市公司价值的影响[J].金融研究（12）：157-173.

[119] 张兵,范致镇,潘军昌,2009.信息透明度与公司绩效——基于内生性视角的研究[J].金融研究(2):169-184.

[120] 张纯,吕伟,2007.信息披露、市场关注与融资约束[J].会计研究(11):32-38.

[121] 张光荣,曾勇,2006.大股东的支撑行为与隧道行为——基于托普软件的案例研究[J].管理世界(8):126-135.

[122] 张宁,2008.集团大股东代理问题与上市公司融资约束——基于代理理论的实证分析[J].山西财经大学学报(2):73-79.

[123] 张沛沛,夏新平,2006.控制权转移中的高层更换与公司绩效——来自中国上市公司的经验证据[J].当代财经(11):66-70.

[124] 张婉君,2011.我国上市公司机构投资者的治理效应研究[D].重庆:重庆大学.

[125] 张维迎,1995a.企业的企业家——契约理论[M].上海:上海人民出版社、上海三联书店.

[126] 张维迎,1995b.公司融资结构的契约理论:一个综述[J].改革(4):109-116.

[127] 张维迎,1996.所有制、治理结构及委托－代理关系——兼评崔之元和周其仁的一些观点[J].经济研究(9):3-15,53.

[128] 张欣,宋力,2007.股权结构对代理成本影响的实证分析[J].数理统计与管理(1):132-136.

[129] 张修平,高鹏,王化成,2020.业绩冲击与商业信用——基于集团控股上市公司的经验证据[J].经济科学(2):48-60.

[130] 张宗新,杨飞,袁庆海,2007a.上市公司信息披露质量提升能否改进公司绩效?——基于2002-2005年深市上市公司的经验证据[J].会计研究(10):16-23.

[131] 张宗新,朱伟骅,2007b.增强信息透明度能否提升公司价值?[J].

南方经济(7):47-59.

[132] 赵增耀,李淑娟,2007.附属于企业集团上市公司的财务绩效:基于西部上市公司的分析[J].当代经济科学(3):119-122.

[133] 郑国坚,曹雪妮,2012.集团控制是否损害上市公司价值——最终控制人和市场化进程的双重视角[J].中山大学学报(社会科学版)(2):189-199.

[134] 郑国坚,魏明海,孔东民,2007.大股东的内部市场与上市公司价值:基于效率观点和掏空观点的实证检验[J].中国会计与财务研究(4):1-41.

[135] 郑小勇,魏江,2011.BusinessGroup、企业集团和关联企业概念辨析及研究范畴、主题、方法比较[J].外国经济与管理(10):17-25,51.

[136] 郑志刚,2004.公司治理机制理论研究文献综述[J].南开经济研究(5):26-33.

[137] 周黎安,2007.中国地方官员的晋升锦标赛模式研究[J].经济研究(7):36-50.

[138] Adams R B,2003. The dual role of corporate boards as advisors and monitors of management theory and evidence[R]. SSRN working paper.

[139] Admati A R, Pfleiderer P, Zechner J,1994. Large shareholder activism, risk sharing, and financial market equilibrium[J]. Journal of Political Economy(6):1097-1130.

[140] Alchian A A,1965. The basis of some recent advances in the theory of management of the firm[J]. Journal of Industrial Economics,14(1):30-41.

[141] Almeida H V, Wolfenzon D,2006. A Theory of pyramidal ownership and family business groups[J]. The Journal of Finance(6):2637-2680.

[142] Ang J S, Cole R A, Lin J W, 2000. Agency costs and ownership structure[J]. The Journal of Finance(1):81-106.

[143] Baek J, Kang J, Kim J, 2002. Tunneling or value added? evidence from mergers by Korean business groups[J]. The Journal of Finance(6):2695-2740.

[144] Baek J, Kang J, Suh Park K, 2004. Corporate governance and firm value: evidence from the Korean financial crisis[J]. Journal of Financial Economics(2):265-313.

[145] Bai C, Liu Q, 2003. The value of corporate control evidence from China's Distressed firms[R]. SSRN working paper.

[146] Bennedsen M, Wolfenzon D, 2000. The balance of power in closely held corporations[J]. Journal of Financial Economics(1):113-139.

[147] Berle A A, Means G C, 1991. The modern corporation and private property[M]. New Jersey: Transaction Publishers.

[148] Beyer B, Downes J, Rapley E T, 2017. Internal capital market inefficiencies, shareholder payout, and abnormal leverage[J]. Journal of Corporate Finance(43):39-57.

[149] Bhagat S, Black B, 2002. Non-correlation between board independence and long-term firm performance[J]. Journal of Corporation Law (27):231-273.

[150] Bhagat S, Bolton B, 2008. Corporate governance and firm performance[J]. Journal of Corporate Finance(14):257-273.

[151] Bolton P, Ernst-Ludwig V T, 1998a. Blocks, liquidity, and corporate control[J]. The Journal of Finance(1):1-25.

[152] Bolton P, Ernst-Ludwig V T, 1998b. Liquidity and control: a dynamic theory of corporate ownership structure[J]. Journal of Institutional and Theoretical Economics(1):177-211.

[153] Breusch T S, Pagan A R, 1980. The lagrange multiplier test and its applications to model specification in econometrics[J]. The Review of Economic Studies(1):239-253.

[154] Burkart M, Gromb D, Panunzi F, 1997. Large shareholders, monitoring, and the value of the firm[J]. The Quarterly Journal of Economics(3):693-728.

[155] Campbell T L, Keys P Y, 2002. Corporate governance in South Korea: the chaebol experience[J]. Journal of Corporate Finance (4):373-391.

[156] Carney M, Gedajlovic E R, Heugens P P et al. ,2011. Business group affiliation, performance, context, and strategy: a Meta-Analysis[J]. Academy of Management Journal(3):437-460.

[157] Chang S J, Choi U, 1988. Strategy, structure and performance of Korean business groups: a transactions cost approach[J]. The Journal of Industrial Economics(2):141-158.

[158] Chang S J, Hong J, 2000. Economic performance of Group-Affiliated companies in Korea: intragroup resource sharing and internal business transactions[J]. The Academy of Management Journal(3):429-448.

[159] Chang S J, Hong J, 2002. How much does the business group matter in Korea? [J]. Strategic Management Journal (3): 265-274.

[160] Chang S J, 2003a. Ownership structure, expropriation, and performance of group-affiliated companies in Korea[J]. The Academy of Management Journal(2):238-253.

[161] Chang S, 2003b. Financial crisis and transformation of Korean business groups: the rise and fall of Chaebols[M]. Cambridge: Cambridge University Press.

[162] Chen E, Nowland J,2010. Optimal board monitoring in Family-Owned companies: Evidence from Asia[J]. Corporate Governance: An International Review(1):3-17.

[163] Cheung S N S,1983. The Contractual nature of the firm[J]. Journal of Law and Economics(1):1-21.

[164] Choi J, Cowing T G,1999. Firm behavior and group affiliation: the strategic role of corporate grouping for Korean firms[J]. Journal of Asian Economics(2):195-209.

[165] Claessens S, Fan J P H, Lang L H P,2006. The benefits and costs of group affiliation evidence from East Asia[J]. Emerging Markets Review(7):1-26.

[166] Claessens S, Fan J P H,2002. Corporate governance in Asian: a survey[J]. International Review of Finance(2):71-103.

[167] Claessens S, Yurtoglu B,2012. Corporate governance in emerging markets: a survey[J]. Emerging Markets Review(1):1-33.

[168] Coase R H,1937. The nature of the firm[J]. Economica(16):386-405.

[169] Coles J L, Naveen D D, Lalitha N,2008. Boards: does one size fit all? [J]. Journal of Financial Economics,87:329-356.

[170] Core J E, Guay W R,2001. Stock option plans for non-executive [J]. Journal of Financial Economics,61:253-287.

[171] Cronqvist H, Nilsson M,2003. Agency costs of controlling minority shareholders[J]. The Journal of Financial and Quantitative Analysis(4):695-719.

[172] Davydenko S A, Franks J R,2008. Do bankruptcy codes matter? a study of defaults in France, Germany, and the UK[J]. The Journal of Finance(2):565-608.

[173] Demsetz H, Lehn K,1985. The structure of corporate owner-

ship: causes and consequences[J]. Journal of Political Economy (6):1155-1177.

[174] Demsetz H,1983. Structure of ownership and the theory of the firm[J]. Journal of Law and Economics(2):375-390.

[175] Denis D K,2001. Twenty-five years of corporate governance researchand counting[J]. Review of Financial Economics (10): 191-212.

[176] Dyck A, Zingales L,2004. Private benefits of control: an international comparison[J]. The Journal of Finance(2):537-600.

[177] Fama E F, Jensen M C,1983. Separation of ownership and control[J]. Journal of Law and Economics(2):301-325.

[178] Fama E F,1980. Agency problems and the theory of the firm[J]. The Journal of Political Economy (1): 288-307.

[179] Ferris S P, Kim K A, Kitsabunnarat P,2003. The costs (and benefits?) of diversified business groups: the case of Korean chaebols[J]. Journal of Banking & Finance(2):251-273.

[180] Friedman E, Johnson S, Mitton T,2003. Propping and tunneling [J]. Journal of Comparative Economics(4):732-750.

[181] Gedajlovic E, Shapiro D M,2002. Ownership structure and firm profitability in Japan[J]. Academy of Management Journal,45: 565-576.

[182] Gonenc H, Kan O B, Karadagli E C,2004. corporate diversification and internal capital market: evidence from the Turkish business groups[R]. SSRN woking paper.

[183] Gopalan R, Nanda V, Scru A,2007. Affiliated firms and financial support: evidence from Indian business groups[J]. Journal of Financial Economics(3):759-795.

[184] Granovetter M,1995. Coase revisited: business groups in the

modern economy [J]. Industrial and Corporate Change (1):
93-130.

[185] Hadlock C J, 1994. Essays in corporate finance[D]. Massachu-
sett: Massachusetts Institute of Technology.

[186] Hahn D, Lee K, 2006. Chinese business groups: their origins
and development[M]. New York: Oxford University Press.

[187] Hart O, Moore J, 1988. Incomplete contracts and renegotiation
[J]. Econometrica(4):755-785.

[188] Hausman J A, Taylor W E, 1981. Panel data and unobservable
individual effects[J]. Econometrica, 49:1377-1398.

[189] Hermalin B E, Weisbach M S, 1998. Endogenously chosen
boards of directors and their monitoring of the CEO[J]. The A-
merican Economic Review(1):96-118.

[190] Hermalin B E, Weisbach M S, 2012. Information disclosure and
corporate governance[J]. The Journal of Finance(1):195-233.

[191] Hoshi T, Kashyap A, Scharfstein D, 1991. Corporate structure,
liquidity, and investment: evidence from Japanese industrial
groups[J]. The Quarterly Journal of Economics(1):33-60.

[192] Hsiao C, 2003. Analysis of panel data (second edition)[M]. Cam-
bridge: Cambridge University Press.

[193] Huimin Cui Y T M, 2002. The relationship between managerial
ownership and firm performance in high R&D firms[J]. Journal
of Corporate Finance(8):313-336.

[194] Jensen M C, Meckling W H, 1976. Theory of the firm: manage-
rial behavior, agency costs and ownership structure[J]. Journal
of Financial Economics(3):305-360.

[195] Jensen M C, Murphy K J, 1990. CEO Incentives—it's not how
much you pay, but how[J]. Harvard Business Review (3):

138-153.

[196] Jensen M C,1986. Agency costs of free cash flow, corporate finance, and takeovers[J]. The American Economic Review(2): 323-329.

[197] Jensen M C,1993. The modern industrial revolution,exit,and the failure of internal control systems[J]. The Journal of Finance(3): 831-880.

[198] Jiang F, Kim K A,2015. Corporate governance in China: a modern perspective[J]. Journal of Corporate Finance,32:190-216.

[199] Jiang F, Kim K A,2020. Corporate governance in China: a survey[J]. Review of Finance(4):733-772.

[200] Jiao Y, 2011. Corporate Disclosure, market valuation, and firm performance[J]. Financial Management(3):647-676.

[201] John S W,2003. Corporate governance and firm profitability: evidence from Korea before the economic crisis[J]. Journal of Financial Economics(2):287-322.

[202] Johnson S, La Porta R, Lopez-De-Silanes Fet al. ,2000. Tunneling[J]. The American Economic Review(2):22-27.

[203] Judge G G, Griffiths W E, Hill R Cet al. ,1984. The theory and practice of econometrics (second edition) [M]. New York: John Wiley & Sons.

[204] Kato T, Long C,2006. CEO Turnover, Firm Performance and Enterprise Reform in China: Evidence from New Micro Data[R]. SSRN working paper.

[205] Khanna T, Palepu K,2000. Is group affiliation profitable in emerging markets? an analysis of diversified Indian business groups[J]. The Journal of Finance(2):867-891.

[206] Khanna T, Rivkin J W,2001. Estimating the performance effects

of business groups in emerging markets[J]. Strategic Management Journal(1):45-74.

[207] Khanna T, Yafeh Y, 2005. Business groups and risk sharing around the world[J]. The Journal of Business(1):301-340.

[208] Khanna T, Yafeh Y, 2007. Business groups in emerging markets: paragons or parasites? [J]. Journal of Economic Literature (2):331-372.

[209] Khanna T, 2000. Business groups and social welfare in emerging markets: existing evidence and unanswered questions[J]. European Economic Review(4):748-761.

[210] Kim B, Lee I, 2003. Agency problems and performance of Korean companies during the Asian financial crisis: chaebol vs. non-chaebol firms[J]. Pacific-Basin Finance Journal(3):327-348.

[211] La Porta R, Lopez-De-Silanes F, Shleifer A et al., 1999a. The quality of government[J]. Journal of Law, Economics, and Organization(1):222-279.

[212] La Porta R, Lopez-De-Silanes F, Shleifer A et al., 2000. investor protection and corporate governance[J]. Journal of Financial Economics,58:3-27.

[213] La Porta R, Lopez-De-Silanes F, Shleifer A et al., 2002. Investor protection and corporate value[J]. The Journal of Finance (3):1147-1170.

[214] La Porta R, Lopez-De-Silanes F, Shleifer A et al., 1998. Law and finance[J]. Journal of Political Economy(6):1113-1155.

[215] La Porta R, Lopez-De-Silanes F, Shleifer A, 1999b. Corporate ownership around the world[J]. Journal of Finance(2):471-517.

[216] La Porta R, Lopez-De-Silanes F, Shleifer A, 2008. The economic consequences of legal origins[J]. Journal of Economic Literature

(2):285-332.

[217] La Ports R，Lopez-De-Silanes F，Shleifer A,1997. Legal deter-
minants of external finance[J]. Journal of Finance,52:1131-1150.

[218] Lee K，Woo W T,2002. Business groups in China: compared
with Korean chaebols [J]. Research in Asian Economic Studies:
A Research Annual (10):721-747.

[219] Lee K,2006. Business groups as an organizational device for eco-
nomic catch-up//Managing development: globalization, economic
restructuring and social policy[M]. London，New York: Rout-
ledge.

[220] Leff N H, 1964. Economic development through bureaucratic
corruption[J]. American Behavioral Scientist(3):8-14.

[221] Leff N H,1978. Industrial organization and entrepreneurship in
the developing countries: the economic groups [J]. Economic De-
velopment and Cultural Change(26):661-675.

[222] Lim U，Kim C,2005. Determinants of ownership structure: an
empirical study of the Korean conglomerates[J]. Pacific-Basin Fi-
nance Journal(1):1-28.

[223] Müller H M，Wärneryd K，2001. Inside versus outside owner-
ship: a political theory of the firm[J]. The RAND Journal of E-
conomics(3):527-541.

[224] Nenova T,2003. The value of corporate voting rights and con-
trol: a cross-country analysis[J]. Journal of Financial Economics
(3):325-351.

[225] O'Reilly C A，Main B G，Crystal G,1988. CEO Compensation as
tournament and social comparison: a tale of two theories[J]. Ad-
ministrative Science Quarterly(2): 257-274.

[226] Pagano M，Roell A,1998. The choice of stock ownership struc-

ture: agency costs, monitoring, and the decision to go public[J].
The Quarterly Journal of Economics(1):187-225.

[227] Perotti E C, Gelfer S, 2001. Red barons or robber barons? governance and investment in Russian financial-industrial group[J]. European Economic Review(9):1601-1617.

[228] Qian Y, 1996. Enterprise reform in china: agency problems and political control[J]. Economics of Transition(2):427-447.

[229] Scharfstein D S, Stein J C, 2000. The dark side of internal capital markets: divisional rent-seeking and inefficient investment[J]. The Journal of Finance (6):2537-2564.

[230] Sheu H, Chung H, Liu C, 2010. Comprehensive disclosure of compensation and firm value: the case of policy reforms in an emerging market[J]. Journal of Business Finance & Accounting (9):1116-1144.

[231] Shin H, Park Y S, 1999. Financing constraints and internal capital markets: evidence from Korean "chaebols"[J]. Journal of Corporate Finance(5):169-191.

[232] Shleifer A, Vishny R W, 1986. Large shareholders and corporate control[J]. The Journal of Political Economy (3):461-488.

[233] Shleifer A, Vishny R W, 1994. Politicians and firms[J]. The Quarterly Journal of Economics(4):995-1025.

[234] Shleifer A, Vishny R W, 1997. A survey of corporate governance [J]. The Journal of Finance(2):737-783.

[235] Singh A D, Gaur A S, 2009. Business group affiliation, firm governance, and firm performance evidence from China and India [J]. Corporate Governance: an International Review (4): 411-425.

[236] Singh M, Davidson Iii W N, 2003. Agency costs, ownership

structure and corporate governance mechanisms[J]. Journal of Banking & Finance(5):793-816.

[237] Sirmans G S, Friday H S, Price R M,2006. Do management changes matter? an empirical investigation of REIT performance [J]. Journal of Real Estate Research,28:131-148.

[238] Smith C W, Warner J B,1979. On financial contracting: an analysis of bond covenants[J]. Journal of Financial Economics(2): 117-161.

[239] Tirole J,2001. Corporate governance[J]. Econometrica(1):1-35.

[240] Tirole J,2006. The theory of corporate finance[M]. Princeton: Princeton University Press.

[241] Williamson O E,1996. The mechanisms of governance[M]. New York: Oxford University Press.

[242] Wintoki M B, Linck J S, Netter J M,2012. Endogeneity and the dynamics of internal corporate governance[J]. Journal of Financial Economics,105:581-606.

[243] Wooldridge J M,2010. Econometric analysis of cross section and panel data[M]. MIT: the MIT Press.

[244] Zattoni A, Pedersen T, Kumar V, 2009. The performance of group-affiliated firms during institution transition: a longitudinal study of Indian firms[J]. Corporate Governance: An International Review(4):510-523.

[245] Zingales L,1994. The value of the voting right: a study of the milan stock exchange experience[J]. The Review of Financial Studies (1):125-148.

[246] Zingales L,1997. Corporate governance[R]. NBER working paper,No. 6309.